Memoria de los Yraola

Aitor Yraola

Memoria de los Yraola

Aitor Yraola

Primera edición: JULIO, 2025

Título original: MEMORIA DE LOS YRAOLA

07012 Palma (Mallorca)
www.rapitbook.com

ISBN: 978-84-10484-30-6

Autor: Aitor Yraola

Imagenes interior y cubierta: Archivo Aitor Yraola

Edición y diseño de cubierta: Andrés Cárdenas

Impresión y encuadernación: Fotocopistería Impresrapit, S. L.
www.impresrapit.com

Impreso en España - *Printed in Spain*

‘Por la fe habitó como un extranjero en la tierra prometida como en tierra ajena, morando en tiendas con Isaac y Jacob, coherederos de la misma promesa; porque esperaba la ciudad que tiene fundamentos, cuyo arquitecto y constructor es Dios’

(*Hebreos* 11:9-10).

La vasija de barro

Yo quiero que a mí me entierren
como a mis antepasados,
en el vientre oscuro y fresco
de una vasija de barro.

Cuando la vida se pierda
tras una cortina de años,
vivirán a flor de tiempo,
amores y desengaños.

Arcilla cocida y dura alma
de verdes collados,
tierra y sangre de mis hombres
sol de mis antepasados.

De ti nací y a ti vuelvo,
arcilla vaso de barro,
con mi muerte vuelvo a ti,
a tu polvo enamorado.

(Letra y música original: Benítez
y Valencia Intérprete: Sumac Sisa).

‘Somos lo que el tiempo y el azar nos ha hecho No soy ciudadano del mundo sino ciudadano de ninguna parte’

(Augusto Monterroso)

‘¡Oh, viajero sin hogar!
La melodía sin sonido resuena en tu marcha.
¿Oyes incesantemente el Infinito Más Allá?
Su amor es terrible,
Por eso careces de hogar’

(Rabindranath Tagore)

Estas *Memorias* están escritas para que mis hijos:
þorsteinn, Sif y Silja conozcan sus orígenes
y aprendan a vivir en el mundo como viajeros

Índice

Prólogo

Posiblemente la memoria y el transcurso del tiempo estén intrínsecamente ligados, aunque no de modo objetivo y lineal sino subjetivo porque no conducen a una simple reproducción de hechos pasados sino a una *reconstrucción* dinámica y variable que añade una nueva visión del pasado. A medida que cristalizamos los recuerdos en el presente se enriquecen con experiencias o anécdotas que asociamos a lo ya vivido. Por eso es valioso guardar en el alma buenos recuerdos, o al menos, realizar un recuento preciso de los momentos recordados más sobresalientes que siempre serán fragmentarios.

Desde este punto de vista resulta un reto fascinante el atrevimiento de mi querido primo Aitor para poder transmitir a sus hijos el acervo cultural de su vida, andanzas, raíces, lugares vividos bajo los rayos de sol de la infancia o la adolescencia en España, sus viajes y cómo los lazos familiares fueron coloreando cada uno de sus pasos para conseguir valorarlos en su vida. Ellos han nacido y crecido en una sociedad nórdica, —en la que han recibido la herencia del alma materna— y tal vez la vida de su padre en España pueda resultarles extraña o distante pero los recuerdos plasmados en este libro constituyen también sus raíces e igualmente la de sus ancestros que les ayudarán a conocerse a sí mismos en profundidad, y también a caminar con paso confiado por la vida o, —al menos— a ser conscientes del sendero excepcional que este singular Aitor Yraola ha recorrido para convertirse en el autor de libros que ahora tienen como padre.

Por mi parte he tenido la oportunidad de compartir buenos momentos con Aitor desde su adolescencia cuando, de jóvenes, mis hermanos y yo nos asombramos de su arrojo al marcharse con la OJE en un viaje hasta Alemania, o cuando nos pidió que adoptáramos un cachorro de pastor alemán llamado Loki, o cuando trabajamos en verano como peones agrícolas con un calor agobiante en nuestra finca de la Vega del río Jarama regando surcos de maizales. En esos años éramos estudiantes idealistas en vacaciones que nos ganábamos un jornal y saboreábamos las magníficas ensaladas de mi madre María Cristina. Y ya en la madurez de nuestras vidas hemos disfrutado de muchos encuentros en Madrid o Santa Cruz de Tenerife. Hay un aspecto importante que deseo destacar de estas *Memorias de los Yraola* que siempre ha estado presente en la personalidad del autor, se dice que los Yraola son;

audaces, curiosos y viajeros, pero yo prefiero destacar en Aitor su característico sentido del humor siempre adaptable a cada situación.

Cuando iba a visitar a nuestro abuelo Jesús en Madrid me llamaba la atención la colección de tortugas, —hechas de diferentes materiales y tamaños— que exhibía en el interior de una vitrina de cristal en el salón de su casa, y al comprobar durante otras visitas que la exposición de quelonios crecía, me decidí a preguntarle por tan curiosa colección, y me quedé sorprendido al comprobar que aquel abuelo Yraola, que durante toda su vida había tenido tantos roles como; hijo, padre, esposo, ingeniero, político (había sido nombrado alcalde, gobernador civil y procurador en Cortes), ostentando puestos de gran responsabilidad y al final de su vida, ya como viudo jubilado, —pero siempre celoso de proteger su autonomía e independencia— me contestó con humildad: *que era una forma personal de reírse de sí mismo,* de ser consciente de la edad avanzada que tenía, y que a pesar de su excelente memoria e inteligencia, y de haber sido una persona destacada, con el paso del tiempo se había vuelto más lento en los quehaceres diarios confesando con ironía que; *se sentía torpe como una tortuga.* Ese talante jovial de gastarse bromas a sí mismo me impactó y parece claro que su nieto y ahijado, el protagonista de este libro: Aitor Yraola sigue los pasos de su abuelo nacido en la andaluza Lora del Río, —por muy vasco que deseara ser— porque siempre ha sabido tomar con humor y escepticismo *todos los desafíos de su vida*, tanto los éxitos como los sinsabores en los terrenos; profesionales, culturales o familiares, afrontando el haz y el envés de la vida con inteligencia y naturalidad a través del filtro de ese humor socarrón y caleidoscópico que le caracteriza y forma parte intrínseca de su personalidad, como esa actitud vital de observar el mundo con una sonrisa benevolente ante tantos desvaríos. Esta manera risueña de contemplar el mundo, —que se muestra en algunas fotos del anexo— es para él de gran valor siendo natural que desee compartirla con sus hijos como tan acertadamente dijo Oscar Wilde: 'la vida es algo demasiado importante para tomársela en serio'.

Antonio Messía de Yraola
Tenerife, 2025

Introducción

Todas las *Memorias* ofrecen la ilusión de que el pasado vuelve a la vida, aunque resulte ser un espejismo de la razón porque solo se recupera una *reinvención* en el imparable transcurso del tiempo. Estas *Memorias* pretenden aclarar en parte los orígenes de los Yraola y a contestar preguntas tales como; ¿Quiénes fueron nuestros antepasados? y ¿quién era ese español que un día llegó a Islandia, a principios de los ochenta, enamorado de una joven islandesa para fundar una familia? En la primera parte se explica la geneaología del apellido Yraola que data de 1441 cuando el Mayorazgo de Loyola se entroncó con el de Juan Pérez de Vicuña. Varias generaciones de Yraolas (1603-1725) fueron originarias de la Casa señorial de Yraola o Garaicoa, ubicada en el pueblo de Urrestilla, —provincia de Guipúzcoa— en el País Vasco. Esta casa se vendió en 1589, y en 1751, Antonio de Yraola se trasladó a vivir a Cádiz y existe constancia de que otros antepasados nuestros vivieron en; Perú, Argentina (los Pereyra-Yraola) e Islas Filipinas. Las casas solariegas de Loyola e Yraola están entroncadas desde 1464.

Mi querido abuelo Jesús realizó un esfuerzo extraordinario para rescatar del olvido nuestra ascendencia e intentar rehabilitar el título de Marqués de Santiago de Oropesa al que aspiraba con gran ilusión aunque se comportara durante toda su vida como un auténtico caballero cristiano. Entre nuestros ascendientes más destacados hubo; un ilustre académico, Miguel Asín Palacios, arabista, Director de la Real Academia de la Lengua Española, un héroe militar que luchó en la Guerra Civil española en el asedio de El Alcázar: Antonio de Yraola Palomeque, y también un pintor con obras en el Museo de Arte Contemporáneo: Ignacio Yraola. En la segunda parte de las Memorias trazo la procedencia de otros parientes entroncados en la línea materna; los López, y de la paterna como los; Messía y Álvarez Casas. Más adelante me adentro en un terreno más personal para explicar la entrañable relación que mantuve con mi abuelo Jesús hasta su fallecimiento a principios de los ochenta, y también la correspondencia que mantuvimos a lo largo de muchos años un abuelo que fue además mi padrino y ángel de la guarda. Esbozo también los recuerdos más vivos de mi; infancia, adolescencia, los colegios a los que asistí en Madrid, el curso de vela en Alemania, mis experiencias juveniles en la ciudad de Villena (Alicante), los mejores amigos que tuve, los estudios equivocados que cursé en Sevilla, el despertar de una vocación por las letras, la entrada en la carrera de Humanidades y brevemente mis estancias posteriores, ya en la madurez, en Islandia, Alemania y Egipto. El libro incluye, de forma gratuita, una antología de fotografías y bultos reembolsables para hacer más amena la lectura.

Se hace constar expresamente que durante la redacción de este libro mis hijos han estado presentes en todo momento, porque son afluentes de un caudal familiar que no cesa de fluir.

Aitor de Yraola
Madrid, 2025

1. La leyenda del Alférez Yraola en Cajamarca

El apellido Yraola es originario del País Vasco. Mi padre hizo un resumen manuscrito, —bastante legendario— de las proezas de uno de los primeros antepasados que explica el significado del escudo Yraola:

> 'Cuando tenía unos veinte años, en el despacho de mi padre de la Plaza de Guevara 4 en Segovia leí un libro en español antiguo en el que se narraba cómo un alférez Yraola que había llegado a Perú durante la Conquista hasta las cercanías de Cajamarca, feudo del emperador inca Manco Capac, fundó una estancia con doce españoles y unas cincuenta familias incas que prosperaron y obtuvieron fructíferas cosechas. La estancia fue atacada por unos cuatrocientos indios enemigos que pretendían saquearla. El alférez Yraola al frente de los doce españoles y las familias dispuso la defensa hasta conseguir ahuyentarlos, pero todos murieron e Yraola quedó malherido. Fue llevado hasta Cajamarca y recuperado de sus heridas se casó con Coya, hija predilecta del cacique y de una gran belleza. Al tener noticias el Rey de España Carlos II le nombró Marqués de Santiago de Oropesa en 1614[1]. El emperador dotó a las familias de los doce españoles de su peso en oro y por tal motivo el escudo Yraola tiene doce corazones que circundan a un león rampante'.

[1] Carlos II reinó en España entre 1665-1700 lo que confirma el origen legendario de la nota manuscrita.

2. La genealogía de los Yraola

Todas las familias tienen raíces, antepasados y descendientes. En Islandia es frecuente trazar la genealogía de las personas desde la época de la Colonización de la isla en el siglo x. Gracias a mi abuelo Jesús que se preocupó por los orígenes del apellido Yraola es posible relatar ahora cómo se llamaban y de dónde provinieron muchos de nuestros antepasados. Como expondré en detalle más adelante mi abuelo tuvo dos títulos nobiliarios el de: Caballero de la Orden del Santo Sepulcro y el de Infanzón de Illescas y también dedicó mucho esfuerzo a rehabilitar el título de Marqués de Santiago de Oropesa, así como la vinculación del apellido Yraola con el Mayorazgo de Loyola (la Casa señorial del jesuita San Ignacio de Loyola) establecido en 1441 en el País Vasco. En esta parte voy a resumir la historia de los ascendientes y descendientes hasta llegar al último primogénito mi hijo Þorsteinn Yraola.

Los antepasados conocidos más antiguos provienen de casas solariegas de Loyola e Yraola en la provincia de Guipúzcoa, País Vasco, en el norte de España. Ser dueño de una casa solariega significaba entonces que el propietario era considerado noble o hidalgo y podía anteponer la preposición *de* al apellido (de Yraola). Según los documentos recogidos por mi abuelo Jesús, dos ramas geneaológicas (Loyola-Yraola) se unieron en 1441 con el matrimonio de Marina López de Loyola y Juan Pérez de Vicuña. De este matrimonio descienden los Yraola (véase el árbol geneaológico). El hermano de Marina, Juan Pérez de Loyola se casó en 1463 con Sancha Pérez de Yraeta-Cestó y de esta rama familiar su última descendiente fue Ana María Coya Inca de Loyola nombrada Marquesa de Santiago de Oropesa en 1614 por el rey Felipe III, título de Marquesa que heredó Doña María Almudena Enriquez de Borja, Marquesa de Alcañices y XX Señora de Loyola quien falleció soltera en 1714 extinguiéndose así la casa de Loyola, descendiente de los Incas del Perú, de los Reyes de Castilla, de San Ignacio de Loyola, de San Francisco de Borja, del Papa Alejandro VI y de Don Fernando el Católico.

Mi abuelo dedicó mucho trabajo y medios para recuperar este título de Marquesado de Santiago de Oropesa que le fue concedido en 1614 a Ana María Inca de Loyola por el matrimonio celebrado en 1441 que prueba la relación entre los Loyola e Yraola. La investigación genealógica más profunda realizada por mi abuelo se encuentra en las generaciones entre 1537 y 1751. Los antepasados posteriores a 1751 han sido fáciles de encontrar e incluso se conservan fotografías de algunos de ellos. Dos antepasados, los hermanos José Francisco de Yraola e Ignacio (ausente en el *Reyno* de Indias) nacidos en la población de Urrestilla, casa de Yraola de arriba o Garaicoa, tierras de la Universidad de Regil y cercana al pueblo de Azpeitia (Guipúzcoa) iniciaron una demanda de hidalguía mediante un síndico (abogado) en 1670 llamado José de Furundarena quien hizo las averiguaciones para justificarla:

> 'Hidalguía, Nobleza y Limpieza de sangre de los ascendientes de la casa solar de Yraola justificando los empleos honoríficos y el haber estado en posesión de excepciones y privilegios que corresponden a los Nobles Hijos dalgo de sangre, y origen distinguido en nuestro entroncamiento y solicita se saquen de los archivos documentos pertinentes en la provincia de Guipúzcoa y en la real Chancillería de Valladolid'.

Esta petición o demanda de limpieza de sangre o nobleza se hacía para demostrar que en la línea familiar no había habido; 'judíos, agotes, gitanos, moros, penitenciados por la Santa Inquisición y/o de otra secta reprobada'. Este diligente síndico convocó a numerosos testigos en el ayuntamiento de Azpetia para demostrar la ascendencia y limpieza de sangre:

> ' guardándoles todas las franquezas y libertades que se guardan a los demás caballeros Nobles hijos dalgo de dicha universidad de Regil, y de las demás villas y lugares de esta provincia, siendo admitidos en Ayuntamientos, oficios públicos y levantados de guerra y alardes en que se admitan y acostumbran a admitir tan solamente a los que son Nobles Hijos dealgo en estos diez, veinte, treinta, cuarenta, cincuenta, ciento y más años y de tanto tiempo a esta parte que no hay memoria de hombres en contrario'.

Después de numerosos autos, convocatoria de testigos y gestiones en la Provincia de Guipúzcoa se aprobó el entroncamiento de Hidalguía, Filiación y Limpieza de sangre de José de Yraola en 1672. Una copia de este documento la recibió Antonio de Yraola en 1751, casado con María de los Dolores Bayens, —de ascendencia holandesa— en la ciudad de Cádiz donde residía. La casa solariega de Yraola de arriba donde vivieron varios ascendientes nuestros se vendió en 1589 al doctor Martín de Arzallus y se conserva la escritura de venta del 3 de julio de 1589 en la que se decía:

'La casa se vendió además con la casería de Umansoro, y borda, o casa de ganado de ella con sus huertas, tierras, sembradías e baldíos, castañales, manzanales, montes, prados, pastos y derecho a vecindad a ellas anejas por precio o quantia de mil ducados de once reales cada uno, pagados en los plazos y tiempos declarados y expresados en la Escritura de venta'.

Sorprende que en este documento sobre el apellido se hable de un escudo de armas diferente al que se ha recogido en el origen legendario recogido por mi padre, en el primero eran doce corazones y un león rampante, pero en este último cuatro estrellas de plata con dos lobos negros andantes.

Todos los esfuerzos de mi abuelo para rehabilitar el título nobiliario de Marqués de Santiago de Oropesa fracasaron. Ni el Rey Juan Carlos I ni el general Francisco Franco (para quien fue Procurador en Cortes dos años) le nombraron nunca marqués como él deseaba tan ardientemente. Desconozco qué razones lo impidieron. Se sabe que su padre, Nicolás de Yraola y España, solicitó la rehabilitación del Marquesado el 28 de febrero de 1930 pocos años antes del estallido de la Guerra Civil española, (*Gaceta de Madrid:* 28.8:1930). Tan sólo se conserva un título de extraordinario valor documental de Conde otorgado a Don Juan Manuel de Burgos y Loyola (descendiente de la Casa de Loyola) firmado en Praga en julio de 1723 otorgado por el Archiduque Carlos de Austria, a quien los países de la Gran Alianza de La Haya y el Papa Clemente XI reconocieron como rey con el nombre de Carlos III. En 1711 fue coronado emperador del Sacro Imperio Romano Germánico y el Imperio obtuvo para Austria los Países Bajos españoles, aunque le fue denegado el trono español. Este rey luchó contra los turcos en la Guerra Austro-Turca (1716-1718), permitió que los herederos al trono pudieran ser mujeres, introdujo el protocolo cortesano español (*Spanisches Hofzeremoniell*) en Viena y mandó construir la Escuela de Equitación (*Spanische Hofreitschule*). Tuvo ambiciones musicales, tocaba el clave y dirigía la orquesta de la Corte. Se mantiene la teoría de que murió a causa de una intoxicación alimentaria por setas.

Mi abuelo no pudo ser ni conde ni marqués ni mucho menos rey probablemente debido a la Guerra civil española que partió el proceso de rehabilitación y destruyó tanto en su vida (la muerte de su hermano y cuñada). Más tarde durante el Franquismo lo intentó de nuevo, pero sin éxito. Para mí el abuelo Jesús siempre fue un hombre noble, de elevados principios morales con grandeza de espíritu, un descendiente excepcional de la Casa solariega de los Yraola de arriba en Azpeitia, Guipuzcoa de la cual descendemos todos los Yraola.

2.1. Árbol geneaológico

Que prueba el derecho que asiste a D. Nicolás de Yraola y de España para rehabilitar el título de Marqués de Santiago de Oropesa.

Lope García de Lezcano. (Testó en 1441)	1413 Sancha Yañez de Loyola. (Testó en 1464)
Juan Pérez de Loyola, 1441	Sancha Pérez de Yraeta. (Testó en 1463)
Bertran Yañez de Loyola	1467 María Sanz de Licona
Martín García de Oñaz y de Loyola. (Testó 1538)	1492 Magdalena de Araoz
Martín García de Oñaz y de Loyola. (Testó 1540)	María Nicolasa de Oranguren
Martín García de Loyola	1568 Beatriz Clara Coya
Ana María Coya Inca de Loyola	Creada Marquesa de Santiago de Oropesa 1614
Marina López de Loyola 1441	Juan Pérez de Vicuña
Osana de Vicuña y de Loyola (Testó 1535)	1480 Juan Ibáñez de Ysurola
María de Ysurola, 1535	1537 Miguel de Areche
Catalina de Ysurola. (Llamada de Esquicia) 1537	Juan de Yraola, Sr. De la Casa de Yraola 1589
Juan de Yraola 1542	María de Albisu, Heredera de la Casa de Albisu de Regil 1603

Diego de Yraola 1635	1635 Catalina de Aguirre
Juan de Yraola ejecutoria 1603	1635 Dominga de Olaizola
Diego de Yraola 1639	1671 Ana María de Goneaga
José de Yraola 1672	1697 María de Zulaica
Ignacio Jacinto de Yraola 1700	1724 Anastasia de Altuna
Antonio de Yraola 1725	1750 María de Tapia y de Alcíbar
Antonio Francisco de Yraola 1751	1788 María de los Dolores Beyens (Condesa de Villamar)
Nicolás de Yraola 1792	1835 Josefa de Rivero
Juan de Yraola 1838	1861 Josefa de España
Nicolás de Yraola 1863	1892 María de los Ángeles Palomeque
Jesús María de Yraola 1899	1920 Vicenta Asín
Jesús María de Yraola 1923	1952 María Isabel López
Jesús Aitor de Yraola 1953	1987 Anna Thorsteinsdóttir
Thorsteinn Yraola 1981	

3. Los López

Mi segundo apellido es López bien corriente en España que proviene de mi madre, Isabel López González, de Segovia (Comunidad Autónoma de Castilla y León). Su padre, mi abuelo *Paco*, se llamaba Francisco Román López González (1901 Medina del Campo, Valladolid) que murió en Segovia en1978. Era el mayor de tres hermanos con Luciano y Patronila. A mi tío abuelo Luciano le conocí cuando yo era pequeño y me llevó con mi tío Luis (el hijo más pequeño de mi abuelo) al Rastro de Madrid donde nos compró una ametralladora de juguete que disparaba balines de plástico. Nunca supe más de esa rama de la familia castellana. La tía Rosa (hermana menor de mi madre) me dijo que la familia López González fue propietaria de una fábrica de piensos y extensos pinares en Medina del Campo y que mi abuelo Paco había recibido la herencia por anticipado y con el dinero comenzó su andadura comercial; venta de colchones primero, compra de terrenos en Madrid y Segovia, casas en Madrid (en la calle Blasco de Garay esquina a Islas Filipinas), en La Granja (en las afueras de Segovia), apertura de un concesionario de coches marca Peugeot, y un local y fábrica de muebles *Román López* en la Calle Real de Segovia el centro de su actividad comercial durante toda su vida. La tienda de Segovia que yo siempre conocí.

Petra Cristina González García Salamanca, la abuela *Petra* nació en Segovia (1908) y falleció en Madrid (1966). Era la hija mayor de seis hermanos; Mariano y Luis (que murieron jóvenes), Ángela y Concha (gemelas), Natividad (la tía Nati) y la tía Maruchi (María de las Candelas). Su padre, Juan González Salamanca fue abogado, alcalde y vivió toda su vida en Segovia. Su madre se llamaba María. Yo solamente traté a las tías Nati, Concha y Maruchi que tenían una sastrería en la calle Juan Bravo 48 de Segovia. Eran muy amables, risueñas, extrovertidas como también lo era mi abuela, y de niño iba a menudo a visitarlas y en ocasiones me quedaba a dormir en casa de la tía Conchi (casada con un empleado de correos que coleccionaba sellos y monedas) que me preparaba huevos fritos con chorizo del gallinero que tenía en el ático de la casa. En esta vivienda de tres pisos siempre había chicas que cosían y bordaban trajes en un taller que daba a la céntrica calle desbordante siempre de vida. Además de estas tías abuelas de la rama materna de la familia sólo tuve relación en Madrid con la tía Julia que era hermana de Juan González bisabuelo mío por parte de madre, viuda de Juan Ferrera

Aguilera, una mujer dulce y cariñosa que siempre nos traía juguetes cuando nos visitaba en nuestra casa de Galileo 80 en Madrid.

En la actualidad aún se conserva la casa donde vivieron *las tías de Segovia,* que es parte del patrimonio histórico de la ciudad situada cerca de la famosa Casa de los Picos, construida a finales del siglo XV en la calle Juan Bravo, en pleno centro de Segovia. Mi abuela Petra, al contrario que Paco, era una mujer vital, simpática, extrovertida que cuando iba a visitarla los domingos a su enorme piso de Madrid en la calle Blasco de Garay me invitaba siempre a tomar chocolate, y por Navidad, me iba con ella a elegir regalos. Murió muy joven de cáncer dejando una familia dividida, un hijo pequeño, —Luis— que creció en un internado de curas en Madrid y a un marido que cayó en una espiral de melancolía hasta su muerte en 1978. En una carta de 1971 me confesó la tristeza profunda que sentía parecida a la que también padeció mi madre en unas circunstancias familiares difíciles.

4. Los Messía y los Álvarez Casas

Mi abuelo Jesús adoptó durante la Guerra civil española a sus dos sobrinas; María Cristina y María Ángeles hijas de su hermano Antonio que murió en el asedio de El Alcázar de Toledo, y de Enriqueta Sánchez Capuchino que fue asesinada durante la guerra en Aranjuez cerca de Madrid. Las niñas vivían en zona republicana y la Cruz Roja consiguió rescatarlas para llevarlas hasta la ciudad de Pamplona donde vivía mi abuelo Jesús. María Cristina de Yraola Sánchez Capuchino (Aranjuez, 1933-2013) casada con José Ramón Messía Saenz (Madrid,1928-2011), médico con quien tuvo siete hijos. Su hermana, María Ángeles de Yraola Sánchez Capuchino (Aranjuez, 1931-1991) se casó con Fernando Álvarez Casas (Adrados, Segovia 1930-2012), matemático e investigador en la empresa ITT que tuvieron diez hijos, una proeza ya que a María Ángeles le faltaba un brazo desde que era niña a causa de la metralla de una bomba durante la Guerra civil. Sus hijos son; José Antonio (18.7.1956) residente en Motril (Granada), Fernando (5.8.1957), María de los Ángeles (22.3.1959), Teresa (8.10.1961), Ana María (10.12.1962), Jesús María (23.4.1964), Paloma (9.7.1965), todos residentes en Madrid y Enrique (17.6.1960) establecido en Murcia, María (13.7.1968) residente en Sevilla y Juan (22.2.1971) que vive en Aranjuez.

José Ramón Messía y María Cristina tuvieron siete hijos; José Ramón (17.7.1956), Antonio (7.9.1958) Interventor en el cabildo de Tenerife, Cristina (5.6.1957), Fernando (20.3.1959) vigilante jurado, Santiago (28.9.1961) informático, Rodrigo (21.3.1963), Teresa (17.9.1970). Todos ellos residen en Madrid excepto Cristina que vive en Sevilla. Con algunos de ellos como José Ramón y Antonio Messía tuve relación durante mi juventud y en la actualidad solamente mantengo un contacto íntimo con Antonio Messía que vive en Tenerife y se ha casado recientemente con Tamara una ciudadana ucraniana.

De esta rama de la familia por línea paterna trabé gran amistad con José Luis Messía Embajador de España y Marqués de Busianos. Desde mi juventud me carteé mucho con él primero en Estrasburgo, donde estuvo destinado durante veinte años, y posteriormente en Buenos Aires donde se consideraba *alcalde* de la numerosa colonia española. Cuando me marché a Egipto a trabajar en la Embajada de España nos seguimos escribiendo, y tras establecerme en Islandia, me ayudó mucho en la creación de un lectorado de español en la Universidad de Islandia. Estuvo en mi casa de Reikiavik y le tenía mucho cariño y siempre nos entendíamos con pocas palabras. Era, además, un gran orador y escritor. En 1992 viajó desde Málaga, donde vivía jubilado con Eva, su mujer sueca, para asistir a la lectura de mi tesis doctoral en la Universidad Autónoma de Madrid, evento que celebramos con una opípara cena de bacalao en la Plaza de Santa Ana, en el Madrid viejo. Más tarde se preocupó como un auténtico padre por mis desvelos para encontrar un puesto universitario en Noruega tras mi salida de Islandia, y me dijeron que había preguntado por mí en el lecho de su muerte ocurrida en 1997. Recién jubilado escribió el libro: *Por palabra de honor, la entrada de España en el Consejo de Europa* en el que narraba su trabajo por integrar España en Europa, obra que tuve la oportunidad de seguir muy de cerca. José Luis era un aristócrata, un hombre culto, afable, inteligente que siempre me trató como a un hijo. Ambos teníamos mujeres nórdicas y vivíamos en el extranjero. Le visitaba cuando iba a Madrid (una vez con mi hijo Þorsteinn) y en 1995, —mientras disfrutaba de un sabático— le invitamos a comer en Miraflores de la Sierra en compañía de mis tíos; María Cristina, José Ramón y Fernando Álvarez Casas. En este pueblo fue también donde vi por última vez con vida a mi tío José Ramón Messía ya que murió a finales de diciembre de 2012. El tío Fernando falleció el mismo año y la tía María Cristina fallecería un año después. Todo fluye, el pasado se desvanece entre los hilos del tiempo que transcurre inexorablemente.

Otros primos a los que no he tratado nunca son los hijos de mi tío Javier (el hermano de mi padre que se apropió del anillo heráldico de mi padre) que se casó con María Jesús Burgos. Ambos tienen cuatro hijos; Javier (2.5.1964) economista, Ana (18.7.1967) filóloga, Ignacio (18.8.1966) economista y Blanca (13.4.1970), todos viven en Madrid y hace muchos años que perdí el contacto con ellos, aunque solía cuidar de mi primo Javier cuando era pequeño y vivía en la casa de los tíos José Ramón y María Cristina.

5. Un héroe en la familia

Antonio de Yraola y Palomeque fue el único hermano de mi abuelo Jesús. Según una nota manuscrita escrita por mi padre[2] fue Caballero del Real Cuerpo de la Nobleza de Cataluña, Alférez de Complemento de Caballería, afiliado a la Falange Española y murió el 20.9.1936 nueve días antes de la liberación de El Alcázar por el ejército del general Franco en Toledo. Tenía 31 años y era ingeniero agrícola, —titulado en Fribourg, Suiza— transformó una moto vieja en molino de hacer pan con el que alimentar a los sitiados, y a través de los tejados, conseguía suministros de harina. Su padre, Nicolás de Yraola, doctor en Derecho y Registrador de la Propiedad, vivía en Aranjuez, Madrid y era propietario de las fincas; *Villa Vicenta* y la *Quinta del Jarama* que después de la guerra fueron cedidas por mi abuelo Jesús a mis tías María Ángeles y María Cristina, —entonces unas niñas— quienes tras la muerte del padre en Toledo y de la madre en Aranjuez, la tía Enriqueta Sánchez Capuchino (que según la versión de mi padre fue asesinada y arrastrada por las calles de Aranjuez al conocerse que era la mujer de un combatiente en el Alcázar de Toledo) se quedaron huérfanas. Ambas fueron evacuadas por la Cruz Roja Internacional a Pamplona (Navarra) donde mi abuelo Jesús trabajaba como ingeniero de montes. A mi tío abuelo Antonio le concedieron la Cruz de San Fernando, máxima condecoración militar que de forma colectiva concedieron a todos los defensores de El Alcázar además de la Palma en Plata de la Falange Española de este modo hubo un héroe en la familia Yraola.

Otra versión de la proeza del héroe es la siguiente:

> ‘El día 21 de Julio de 1936, nada más dar inicio nuestra Guerra Civil, tres oficiales de complemento vuelven a vestir de nuevo el uniforme poniéndose en Toledo a las órdenes del Coronel José Moscardó Ituarte, se encierran con él en el Alcázar, formando parte de esa esforzada y ya legendaria guarnición que, durante 70 días de durísimo asedio, contribuyó abnegada y heroicamente a su defensa.
>
> Estos tres oficiales fueron: el Alférez de Complemento de Caballería Antonio María de Yraola y Palomeque, el Alférez de Complemento de Ingenieros Adolfo Aragonés de la Encarnación, y el Oficial tercero (Alférez) de

[2] De 5.6.1998. En ella mi padre escribe que también fue Oficial de Húsares en el sitio de Aranjuez, pero ese regimiento se disolvió en 1931 de modo que resulta difícil creerlo.

Complemento del Cuerpo de Intervención Militar Adolfo Aragonés Díaz. Lo más seguro padre e hijo, aunque no ha sido posible constatar tal circunstancia, De estos tres dignos representantes de la Escala de Complemento, dos, el Alférez Yraola y el Alférez Aragonés de la Encarnación, regaron con su sangre las piedras centenarias del imperial Alcázar

El Alférez Yraola era ahijado de S.M. La Reina Doña María Cristina de Habsburgo-Lorena, y en honor a ese regio madrinazgo le puso el nombre de Cristina a una de sus hijas, y fue promovido al empleo del Alférez de Complemento de Caballería (con antigüedad de 30 de noviembre de 1929) eligiendo para efectuar su período de prácticas reglamentarias el regimiento que llevaba el nombre de tan egregia Reina y de la que era coronel honorario: El Regimiento de Caballería *Cazadores de María Cristina* nr. 27.

Falangista desde la fundación del partido, -no en vano era compañero de empleo, escala y arma del fundador de la Falange, Yraola no dudó un momento, nada más dar inicio nuestra guerra, en presentarse en Toledo ante el Coronel comandante militar de la plaza para ponerse a sus órdenes y ofrecerse a contribuir a la defensa de El Alcázar como simple militante de Falange española, sin embargo conocida por el coronel Moscardó su condición de Oficial de Complemento, le ordenó que sobre su camisa azul marrón se colocara el uniforme de Alférez de Caballería que reglamentariamente le correspondía.

Desde el primer momento el Alférez Yraola se distinguió en la defensa del Alcázar, dando sobradas pruebas de valor y alto espíritu militar. En sus muy escasos ratos libres colaboraba en la redacción del *Diario El Alcázar* que se editaba durante el asedio de la fortaleza. El día 18 de septiembre de 1936, cuando se encontraba sirviendo una ametralladora resultó herido de gravedad por la explosión de una mina que le ocasionó la muerte al día siguiente, 19 de septiembre. Fue enterrado en el antiguo picadero de la Academia de Infantería y años más tarde sus restos fueron trasladados a la cripta construida después del asedio donde reposan los héroes que dieron su vida defendiendo la fortaleza.

En la fortísima explosión de la mina subterránea del día 18 de septiembre, las alas norte y oeste del Alcázar, así como el torreón sur, se desplomaron, dejando caer los enormes bloques de piedra. La explosión causó también numerosas bajas entre la población civil y militar que constituían la guarnición del Alcázar. Entre los muertos se encontraba el Alférez Yraola, y entre los heridos graves se encontraba el Alférez de Complemento de Ingenieros Adolfo Aragonés de la Encarnación, al que, por su carrera civil de

Ayudante de Obras Públicas, el mando lo requirió para que, a las órdenes del teniente de ingenieros Luis Barber Louro, intentasen neutralizar las minas en las galerías subterráneos de El Alcázar con las que el enemigo pretendía volar la fortaleza.

Por fin, cuando el día 28 de septiembre de 1936 (día de la liberación del Alcázar) el coronel Moscardó ordenó tocar al corneta que tocara: 'atención general y firmes' para dar al General Varela su ya histórica frase de: 'sin novedad en el Alcázar, mi general', atrás quedaban 70 días de durísimo asedio, y entre las ruinas yacían enterrados los cuerpos de 102 combatientes muertos en su defensa y entre ellos, los del heroico Alférez de Complemento de Caballería: Antonio María de Yraola y Palomeque que sería ascendido a título póstumo a Teniente de Complemento de Caballería, y recompensado: con una cruz de guerra, una cruz del mérito militar con distintivo rojo y la medalla de sufrimientos de la patria; así como con la Palma de Plata de la Falange y la Cruz Laureada de San Fernando colectiva, concedida a todos los defensores del Alcázar de Toledo'.

6. Un ilustre antepasado: Miguel Asín, arabista y Director de la RAE

El abuelo materno de mi padre Jesús se llamaba Luis Asín Palacios que se casó con Petra Vidaurreta y tuvo cuatro hijos; la madre de mi padre, Vicenta Asín Vidaurreta, Natividad (casada con Anselmo Arenillas), Carmen (casada con Julio Arenillas) y Pilar (casada con Luis Vegas). Luis Asín Palacios tuvo una hermana llamada Dolores Asín Palacios (de quien desciende el arquitecto Jaime Oliver Asín) y un hermano sacerdote llamado Miguel Asín Palacios, ambos pues tíos abuelos de mi padre, fue un eminente filólogo arabista. Nació en Zaragoza en 1871 y murió en San Sebastián (Guipúzcoa) el 12 de agosto de 1944. Se doctoró en Teología en el Seminario de su ciudad natal siguiendo al mismo tiempo estudios de Filosofía y Letras. Discípulo predilecto de Julián Ribera, sobresalió bien pronto en la especialidad cultivada por el ilustre arabista y obtuvo por oposición la cátedra de Lengua Árabe en la Universidad Central. Su gran cultura, buen gusto e inagotable laboriosidad y originalidad de pensamiento le llevaron a ocupar un alto puesto en el mundo de la erudición y le abrieron las puertas de la Real Academia de la Lengua, de la que fue director, y la de la Historia, Ciencias Morales y Políticas, así como de otras varias instituciones extranjeras. Además de sus virtudes como sacerdote, su carácter afable y exquisita cortesía le hicieron acreedor a las simpatías de que gozaba en todos los centros culturales a los que perteneció. Entre sus principales obras figuran; *Mohidiu, extracto homenaje a Menéndez Pelayo; el filósofo zaragozano Avempace; el filósofo autodidacto; Algazel: dogmática moral y ascética; La Psicología de la creencia, según Algazel; Bosquejo de un diccionario técnico de Filosofía y Teología musulmana; El averroísmo teológico de Santo Tomás de Aquino; El lulismo exagerado; La Psicología del éxtasis en Algazel y Abenarabi; El místico murciano Abenarabi; Los caracteres y la conducta; Aben Hazam de Córdoba y su historia crítica de las ideas religiosas; La escatología musulmana en la "Divina Comedia" (de Dante Alighieri); Abenmarrasa y su escuela; Orígenes de la Filosofía hispanomusulmana; El Islam cristianizado; Dante y el Islam.* Además de estas obras escribió numerosos artículos sobre temas de Filosofía árabe y de Literatura comparada. Su preparación filosófica y filológica le permitió realizar una valiosa aportación a la historia de la cultura del Islam y formular algunas hipótesis originales sobre la difusión de la influencia de las doctrinas árabes en la obra de Dante Alighieri[3]

En su esquela que conservaba mi abuelo Jesús también se decía que, además de haber sido Director de la Escuela de Estudios Árabes y de la Real Academia Española de la Lengua, fue también Sumiller de Cortina de S.M. el Rey Don Alfonso XIII. Mi padre le recordaba como un hombre que inspiraba respeto y le corregía el latín.

[3] *Enciclopedia Sopena*: 776, I, letra A: 1969.

7. Ignacio Yraola, pintor.

Aunque de todos mis familiares el tío Ignacio no tuvo un significado relevante en mi vida, las visitas a su casa de la calle Cervantes 22, en pleno Barrio de las letras en el centro de Madrid, supusieron durante mi juventud un álito de inspiración intelectual y muchos encuentros entrañables. Las paredes de su casa, en un tercer piso con una enorme terraza, estaban repletas de libros, obras de arte y cuadros que intercambiaba con otros pintores. Su taller a la entrada de la casa, —que tras su fallecimiento en 1987 dejó vacío la tía Anuchina— rebozaba creatividad al igual que los amplios salones contiguos llenos de objetos sorprendentes. Un poco redicho y orgulloso pero inteligente y temperamental siempre argumentaba con pasión e ironía, algo que aprendí de él. Se dedicó toda su vida a la pintura y al diseño. Dos de sus muchas obras; *Una barrera* (1977) en madera policromada y tallada, y *Vaca*, también en madera, se encuentran en el Museo Español de Arte Contemporáneo. Recuerdo con cariño a sus dos hijos, Iñigo y Eva, su hijo estudió Ciencias Exactas y Eva Periodismo y ha trabajado en la Agencia de noticias EFE e Iñigo lucha por sobrevivir en un mercado de trabajo inseguro que le ha obligado a renunciar a fundar una familia. Creo que su pintura es la mejor biografía, pero también los cariñosos recuerdos de amigos plasmados en artículos y críticas que le dedicaron sus amigos en el catálogo-homenaje publicado en Segovia en 1989, dos años después de su muerte[4], suceso que fue recogido en la prensa:

El pintor Yraola muere tras un accidente doméstico.

'El pintor informalista Ignacio Yraola falleció ayer en Madrid a causa de una hemorragia cerebral que le sobrevino tras un accidente doméstico, según informaron a Efe fuentes cercanas al artista. Nacido en Barcelona en 1928, Yraola era uno de los pintores abstracto-informalistas incluidos en la vanguardia de los años sesenta. Practicante del informalismo matérico, de 1980 a 1983 desempeñó el cargo de secretario general de la Asociación Sindical de Artistas Plásticos. Licenciado en Derecho, siguió estudios de Ar-

[4] La esquela de su muerte se publicó en el diario *ABC*: 'Don Ignacio Yraola Asín, miembro de la Junta rectora del Colegio Oficial de Decoradores / Diseñadores de interior (Madrid) y Presidente de la Comisión de Cultura. falleció en Madrid el día 24 de junio de 1987': 28.6.1987.

quitectura y se había dedicado a la decoración y a la enseñanza de dibujo en academias privadas[5]'.

El mismo tío Ignacio escribió con humor su propia biografía en uno de sus catálogos:

'Biopsia:

Ignacio Yraola nace en Segovia en 1956. Cursa estudios de tipografía y heráldica que abandona para dedicarse a la pintura y a la abstracción mental. Becado por prestigiosas instituciones viaja ininterrumpidamente alrededor de su habitación, fijando finalmente su residencia en Madrid. en 1970 obtiene el gran premio de la bienal del barrio de Argüelles y realiza una exposición ontológica en campo de criptana. Es seleccionado para representar la pintura mesetaria en la trienal de Melbourne de 1971, siéndole concedido el premio extraordinario y adquiriendo la totalidad de su obra Cáritas australiana. en 1972, para aumentar la confusión general, borra pacientemente con miga de pan su obra anterior'[6].

Y entre otros testimonios-homenaje de amigos que le recordaron emocionados entresaco un verso del poema que le dedicó uno de sus amigos más íntimos que refleja la tristeza que le causó su fallecimiento:

'La misma ausencia del lamento mío
lloran los derribados capiteles
sobre el friso postrer de cada ola.

Todos hemos entrado en desvarío
amigos, océanos y pinceles,
ya no está con nosotros Yraola.'[7]

Un conocido humorista español le recordaba con parecido cariño y admiración[8]:

---

[5] *ABC*:25.6.1987.

[6] *Catálogo* de la exposición Yraola, Madrid, 1989.

[7] Joaquín Castro Beraza, diciembre, 1988. En el Catálogo de la exposición retrospectiva organizada por la Caja de Salamanca, 1989.

[8] Catálogo homenaje 1988.

> 'Su pintura, casi objetos, la que yo he visto y poseo, refleja sus virtudes. Es discreta, equilibrada, exenta de retórica y con una gran complejidad de formas disimulada por la discreción.
>
> Esto es lo que pienso de mi querido y desaparecido amigo Ignacio Yraola como artista y hombre. Sin embargo, lo confieso, Ignacio fue siempre para mí el hombre afortunado que se casó con Anuchina a quien yo conocía de vista en fugaces apariciones en el mundo de los artistas, que siempre iba deprisa como una mariposa que tuviese una cita urgente en algún rincón secreto del horizonte. Era poseedor de virtudes humanas excepcionales, de un talento pictórico no menos extraordinario y de la más excepcional Anuchina que seguramente, cuando lea estas líneas, sonreirá con su bella y triste sonrisa florentina, sugerente como la obra de Ignacio', (Chumi Chumez, febrero 1988.)

Sus amigos le recordaron; Francisco Umbral como un hombre irónico, José María Iglesias como poeta, un descubridor de verdades que poseía un lenguaje al que ha accedido después de haber depurado y alambicado su obra durante muchos años. Ismael Moreno Páramo (amigo, camarada, compañero de estudios), dijo que era diestro en todo lo que se ocupaba, 'hombre de bien, de honor, cortés caballero andante organizador de peliagudos berenjenales vivirá para siempre en su memoria, *en la profunda noche, leve te sea la tierra*'. Antonio Madrigal dijo de él que era un vitalista, mentalmente joven, deportista, mordaz, cultivador de un irracionalismo culto. Teresa Soubiret (galerista) recordaba su inteligente sentido del humor, a un pintor sarcástico, tímido, apasionado del género epistolar y un expositor de pintura que organizaba *encuentros* como la *Ópera hinchable*, una hinchada de globos. Luis Martínez Drake (compañero de la infancia en Segovia) le escribió líneas poéticas; '...la costumbre que tenías de desvivir, desnudando el recuerdo, dejando en libertad tan sólo lo que es útil para ser lúcido...hablando de la muerte que es algo que nos va ocurriendo'. Miguel Ángel Gozalo decía que Ignacio organizaba el desorden del mundo con su arte y todo era un misterio para él, vivir y morir, y que 'trasladó a la madera y al lienzo su combate por la lucidez y el pintar era demasiado poco para un hombre demasiado grande porque al fondo de sus cuadros, como al fondo de su vida, se abría siempre a paso la luz verdadera'. Para el humorista Máximo era *el irónico*, un *genio con barba* y aunque haya muerto seguirá hablando con él, solo, en alguna de las esquinas de su barrio. Cristóbal Gabarrón le recordaba como un *bohemio elegante* que consideraba el Arte como magia. Luis Caruncho aún conmovido por su muerte, le caracterizaba como un hombre generoso y melancólico y Chumi Chumez, otro humorista, como un hombre curioso inclinado a un equilibrio lleno de complejidad y armonía.

Todos estos testimonios de amigos realzan una personalidad sobresaliente y el perfil de un gran artista[9]. Mi tío Ignacio supuso en mi vida un faro de luz intelectual durante mi juventud, un cálido remanso de cultura y diálogo. La tía Anuchina y él siempre estaban dispuestos a recibirme con afecto. Acudí también a alguna de sus exposiciones o *encuentros con el arte rebosantes de humor*. Después de mi salida de España y a principios de los años ochenta, fui a visitarle con mi hijo y mi mujer, y en la terraza de su piso en la calle Cervantes bebimos cerveza mientras que mi hijo jugaba por un pasillo interminable. Conservo dos de sus cuadros, el primero, sin título conocido, es de su primera época, un óleo primigenio de tonos negros y rojo oscuro que tenía mi abuelo Jesús en el salón de su casa en la calle de San Francisco de Sales, y luego, al heredarlo mi padre lo recibí yo como regalo. Y también un cuadro pequeño titulado: *Piedras vascas* (1980), parte de una trilogía que nos regaló por nuestra boda; tres campesinos vascos sobre un fondo azul claro roto por impactos de bala. Recuerdo que la última vez que le vi con vida se hizo añicos una gran copa de cristal sobre los azulejos de la terraza. El 25 de junio de 1987 acudí al tanatorio cerca de la calle Ibiza en donde reposaba. Allí me dijeron que había donado sus órganos y conmovido por su pérdida, —en la plenitud de su vida— atravesé caminando todo el centro de Madrid hasta la ciudad universitaria en donde debía recoger un diploma y encontrarme con un antiguo compañero de la facultad. Durante esa larga caminata se agolparon todos los recuerdos sobre su vida.

---

[9] Y también los eruditos, José Gómez Sucre, Director de la Unión Panamericana de Artes Visuales y profesor de la Columbia University consideró a Ignacio como 'uno de los tres pintores representativos de la pintura contemporánea española (1963)' y para el historiador de la pintura José Moreno Galván, 'Ignacio Yraola realiza un informalismo para el que conserva todo el sentimiento apolíneo del color y la materia' en José Moreno Galván: *Introducción a la pintura española actual*, Publicaciones españolas, Madrid, 1960:176.

8. El abuelo Jesús

Mi abuelo Jesús fue además mi padrino, aunque siempre le consideré como mi segundo padre. Nació en Lora del Río (Sevilla) en 1898 donde su padre, Nicolás de Yraola y España, Dr. En Derecho[10], era Registrador de la Propiedad, tenía tierras y vivió en Andalucía buena parte de su vida, aunque por motivos geneaológicos siempre se sintió vasco. Hay muchos lapsos en su vida que he procurado reconstruir con fragmentos, notas y recuerdos.

El 22 de octubre de 1922 se licenció como ingeniero de montes con un título expedido por el Ministerio de Fomento y él me dijo que también había obtenido un doctorado con una tesis sobre la obtención de gasolina de la resina. Casi todos sus libros y documentos personales desaparecieron en Aranjuez durante la Guerra civil ciudad donde murió su cuñada Enriqueta Sánchez Capuchino. Después de licenciarse realizó trabajos topográficos en Seo de Urgel (Gerona) y obtuvo el puesto de Ingeniero Director del Servicio Forestal del Patronato de la Montaña del Montseny en la Diputación Provincial de Barcelona. En julio de 1936 consiguió escapar de Barcelona de forma rocambolesca con toda su familia y trabajó en Pamplona (Navarra) en la repoblación del monte Iratí. En ese tiempo mi padre estudió en un colegio de jesuitas en Portugal, el mismo al que acudió S.M. el rey Don Juan Carlos I, y fue también en esa ciudad donde la Cruz Roja Internacional le entregó a sus dos sobrinas María Cristina y María Ángeles que habían quedado huérfanas en la guerra. Después de trabajar en Pamplona fue destinado como Ingeniero Jefe del Distrito forestal de Guipúzcoa (País Vasco) donde trabajó en los montes de Irigasi.

El 17 de marzo de 1945 fue nombrado por el general Franco, a propuesta del ministro secretario general: Jefe provincial de la Falange en La Coruña y Gobernador civil. Yraola había ingresado en la Organización de la Falange Española de las Juntas Ofensivas Nacional Sindicalistas en noviembre de 1935 en Pamplona donde colaboró en la preparación del Movimiento. Participó en la Cruzada de liberación como Oficial de complemento. A una larga historia de servicios a España hay que añadir los cargos que últimamen-

[10] D. Nicolás de Yraola y España falleció en Segovia el 2 de setiembre de 1945 a los 82 años de edad. En la esquela publicada en el diario *ABC* el 11.5.1945 se dice que su viuda fue doña María de los Ángeles Palomeque y Quintanilla y que su hijo D. Jesús de Yraola era por entonces Gobernador civil de La Coruña casado con Vicente Asín Vidaurreta.

te ha ocupado, entre ellos el de Delegado sindical provincial y de la Vieja Guardia en Segovia que desempeñaba en la actualidad.[11]

Así que, tras el desempeño de su puesto en Barcelona como ingeniero, interrumpido por la Guerra civil, vivió en Pamplona (Navarra), combatió como oficial de complemento, se trasladó a La Coruña (Galicia) donde fue nombrado gobernador civil y de nuevo a Segovia donde ocupó el cargo de Jefe del Distrito forestal e igualmente alcalde[12]. Durante tres legislaturas fue también diputado a Cortes y trabajó en la Comisión de Agricultura[13], carrera política que frenó mi abuela Vicenta temerosa de que la política le pudiera corromper. En Segovia fue nombrado también Consejero de Colonización para la ex colonia española de Guinea ecuatorial, más tarde Inspector general de montes y en los últimos cuatro años antes de jubilarse: Presidente del Consejo Superior de Montes, es decir el máximo al que podía llegar en su profesión. Como ingeniero de montes debatió en un largo artículo publicado en 1953 en el diario *ABC* las excelencias de la repoblación forestal afirmando que para combatir la sequía y sus consecuencias sólo existía un procedimiento: 'La repoblación forestal que además es un buen negocio. Los bosques influirán en la regularización y benignidad del clima y Madrid no se encuentra en una estepa'[14]

Como alcalde de la ciudad de Segovia participó en inauguraciones y recibió placas conmemorativas por el Arma de Artillería de la Academia Militar en la ciudad al haber nombrado a segovianos vecinos honorarios a aquellos que hubieran cursado estudios en ella[15]. También publicó concursos para adjudicar obras o elegir la mejor empresa de transporte para la ciudad[16] Fue recibido al menos tres veces en audiencia por el general Francisco Franco[17] y en una de ellas recibió la Orden de Cisneros de Yugos y Flechas de la Falange. Mi abuelo además de habeme querido con toda su alma hasta su fallecimiento el 12 de agosto de 1985, a los 86 años, y haber sido mi ángel

[11] *ABC*, 1945:17.3 p. 9

[12] Fue nombrado Alcalde Presidente del Excmo. Ayuntamiento de Segovia por el Presidente de Las Cortes Españolas (Ministerio de la Gobernación) el 27 de abril de 1951.

[13] Durante las tres legislaturas entre 1949-1952/ 1952-1955 / 1955-1958.

[14] *ABC*, 1953:15.11 p. 54.

[15] *ABC*, 1954:2.5, p. 43.

[16] *ABC*, 1954:14.3, p. 75. En este concurso se solicitaba la participación de una empresa con capital necesario para comprar y carrozar tres chasis Borgward y la puesta en marcha del servicio de transporte.

[17] El 8 de diciembre de 1955, 22 de enero de 1959 y el 12 de diciembre de 1963: *ABC* 1955/1959/1963.

de la guarda, fue un ferviente estudioso del origen de nuestros antepasados, una curiosidad que quizás me transmitió cuando más tarde me dedicara a investigar en Historia contemporánea. Tuvo cuatro hijos; mi padre Jesús, Ignacio licenciado en Derecho y sobre todo pintor, Javier, economista y el fallecido Santiago que fue uno de los pilotos más jóvenes en el Ejército del Aire español.

Mi abuelo solicitó en 1931 la concesión de sucesión del vínculo familiar con el Mayorazgo de Loyola en el País Vasco, establecido en 1441, cuando Juan Perez de Loyola (Señor del solar de Loiola) casó con doña Sancha Perez de Yraeta Cestó, nuestros ascendientes más antiguos en el árbol genealógico familiar que ya he mencionado. Y en base de esta noble ascendencia solicitó el 7 de octubre de 1970 en el Ministerio de Justicia la rehabilitación del título de Marqués de Santiago de Oropesa[18]. Mi abuelo fue también Caballero de la Orden del Santo Sepulcro, en su Capítulo Noble de Aragón, Cataluña y Baleares[19] e Infanzón de Illescas[20]. En junio de 1955 (cuando yo tenía dos años) se reunió el Cabildo de los Infanzones de Illescas 'para asistir a los cultos celebrados en honor de su Patrona y a la ceremonia de los caballeros electos' entre ellos D. Ignacio Yraola (mi tío pintor) que fue apadrinado por mi abuelo[21]. Una sorpresa recordar este nombramiento ya que siempre pensé que era un rebelde contra cualquier clase de institución oficial y menos aún de la aristocracia. Cuando mi abuelo murió en 1985 la Real Hermandad de Infanzones le rindió honores con la celebración de un funeral en el Monasterio del Corpus Christi[22]. El título de Caballero le fue concedido por el Cardenal Canali y en los Estatutos de la Orden Ecuestre del Santo Sepulcro de Jerusalén[23]se afirma que su fin era: 'acrecentar en sus miembros la práctica

[18] Antes que mi abuelo también lo había solicitado su padre, Nicolás de Yraola y de España, el 27 de febrero de 1930, en el Ministerio de Justicia y Culto según consta en la *Gaceta de Madrid* nr. 58 (1368) 'D. Nicolás de Iraola y de España ha solicitado en este ministerio la rehabilitación del título de Marqués de Santiago de Oropesa, concedido en 1614 a doña Ana Coya-Inca, sin que consten últimos poseedores'. Cuerpo de la Nobleza. Antiguo Brazo Militar del Principado de Catalde Madrid' nr. 58 (1368)

[19] 'Real Cuerpo de la Nobleza. Antiguo Brazo Militar del Principado de Cataluña y Condados de Rosellón y de Cerdaña'. Sabadell, 1972. El Real Cuerpo arranca de finales del siglo XIV, al iniciarse el reinado de Don Juan I, el Cazador, cuando el rey instituyó el Brazo Real con elementos de la nobleza de Cataluña para eficaz servicio de la Corona pero en los años en los que mi abuelo estuvo al corriente de las cuotas era una asociación de nobles y aristócratas españoles.

[20] El Rey Don Juan Carlos I es el Hermano Mayor de la Real Hermandad de la Caridad de la Imperial Villa de Illescas y S.M. la Reina Sofía la Camarera Mayor de Nuestra Señora de la Caridad de los Infanzones de Illescas.

[21] *ABC*, 1955:23.6

[22] *ABC*, 1985:24.11

[23] Aprobados por el Sumo Pontífice Pablo VI el 19 de noviembre de 1967.

de la vida cristiana con fidelidad al Papa, velar por la propagación de la Fe en la Tierra Santa y sostener los derechos de la Iglesia Católica' de modo que bien puede decirse que mi abuelo fue, por encima de sus títulos, *un caballero cristiano* que además estuvo entusiasmado por la ingeniería forestal, la repoblación forestal, la heráldica y la genealogía. Siempre bien vestido, con corbata, leyendo el diario conservador *ABC* en su salita del séptimo piso de la calle Francisco de Sales 22, almorzando en restaurantes cercanos a su casa, independiente y siempre desbordando cariño y buen humor es como mejor le recuerdo, aunque trazaré en otro momento nuestra relación y correspondencia desde nuestra primera carta conservada desde cuando yo tenía doce años.

Su mujer, mi abuela Vicenta, murió de cáncer óseo a los 63 años. Mi abuelo la cuidó con una dedicación extraordinaria e hizo lo indecible para atenderla en su larga agonía. La recuerdo sobre todo cuando estaba postrada en la cama, débil y atendida por una sirvienta que vivía en el mismo piso con mis abuelos. Su mirada era dulce y un poco triste, me pedía que me sentara junto a ella en la cama y me ofrecía siempre frutos secos. Era Terciaria Carmelita y murió en Madrid el 25 de julio de 1964 cuando yo tenía once años. Está enterrada en el cementerio de Segovia acompañada en la tumba por mi abuelo, su padre Nicolás, madre María de los Ángeles y el tío Santiago que murió a los 23 años en un accidente de aviación. Mi abuelo debió soportar con resignación el peso de la muerte de su único hermano y cuñada en la guerra, la de su hijo menor y también la de su mujer a una edad temprana. Mi padre narró en una carta las circunstancias del accidente;

> 'El martes 7 de enero de 1958, festividad de San Raimundo, a las 10:54 de la mañana se estrelló Santi en un reactor que partió de la base militar de Manises (Valencia) en un área cercana a la mina del Tremendal en Teruel. A las 8:30 de la noche del miércoles 8 (San Luciano) salimos los padres y los tres hermanos para Valencia llegando a las 2 de la madrugada. A las 7 llegaron los restos de Santi y a las 11 de la mañana salimos hacia Valencia y desde allí a Segovia para enterrarlo. El día 9, festividad de San Marcelino, se celebró su funeral a las 12 de la mañana en la Iglesia de la Trinidad y por la tarde Isabel y yo regresamos a Madrid en el coche de R. Ladrón de Guevara'.

Mi abuelo falleció el 12 de agosto de 1985 en Segovia a los 86 años de edad a causa de un infarto. En 1981 le dejó una nota manuscrita a mi padre con un croquis del panteón familiar en el cementerio del Santo Ángel de la Guarda de esa ciudad donde precisaba, en la parte superior; 'vacía, que debe ser para mí'. Mi mujer mandó el 19 de agosto a mi familia en Madrid una emotiva carta en la que entre otras cosas decía: 'Cuando os recordamos en Madrid el abuelo es inseparable de nuestro recuerdo [...] y especialmente sus atenciones en querer ir hasta vuestra casa para saludarnos y estar con nosotros, su profunda alegría con su biznieto, y también cuando fue a despedirnos a los tres al aeropuerto con un calor agobiante...'[24]

Mi relación personal y epistolar con mi abuelo se extiende desde 1963 a 1985. En más de veinte años estuvimos unidos y compartió conmigo los sucesos más importantes de mi infancia, juventud y madurez.

8.1. Correspondencia con el abuelo Jesús

Como ya he mencionado desde que era niño mantuve con mi abuelo una profunda relación hasta su muerte en 1986 así como un intercambio epistolar a lo largo de los momentos cruciales de mi infancia, adolescencia y juventud. Conservo una primera carta suya de 1965, —cuando tenía doce años— que me escribió a casa de Chechu el mejor amigo de mi padre en Zaragoza mientras yo pasaba un verano con su familia en la que me decía: 'Me alegro de que te hayan paseado tanto porque todos los Yraola hemos sido siempre muy viajeros'. Mi abuelo tendió sobre mí un manto de cariño, comprensión y apoyo durante toda mi adolescencia. Siempre estuvo presente en mi vida durante casi dos décadas con palabras de apoyo. Por mi parte siempre vi en él además de a un abuelo, a una persona con quien podía compartir dudas, crisis y planes. Le escribí en 1969 desde Alemania cuando participaba en un campamento de verano con la OJE, también durante mis vacaciones en la playa de Jávea. Al comenzar a estudiar Arquitectura en Sevilla me vino a visitar para animarme a proseguir unos estudios equivocados. Siempre estaba dispuesto a ayudarme en todos los sentidos. Después de mi fracaso en Sevilla me ayudó económicamente a estudiar el COU. En 1972, cuando estuve confuso con los estudios universitarios que quería elegir, me invitó a pasar con él dos semanas en la Hospedería del Valle de los Caídos en la sierra de Madrid, una residencia en la que pasaba largas temporadas dedicado a la meditación cristiana. En 1973 se interesó por mi decisión de

[24] Carta de Anna Þorsteinsdóttir a los Sres. de Yraola, 1985:19.8.

dedicarme a estudiar Humanidades y Sociología en el CEU una universidad católica. Compartió mis dudas sobre una primera novia, me quiso apoyar para estudiar inglés en Irlanda. Más adelante recibió noticias de mis viajes y experiencias universitarias. En 1977, mientras cursaba el quinto curso de Filosofía y Ciencias de la Educación y estaba cansado de los estudios, acepté una beca del MAE para estudiar en Reikiavik Filología islandesa, un plan que le pareció exótico. También compartió mi repentino viaje a Augsburgo con mi novia durante el invierno de 1977. A pesar de una decisión que al principio le pareció fuera de lugar, pronto comprendió que en esa isla remota había encontrado la felicidad, en un país donde fundaría mi hogar, trabajaría ocasionalmente como marinero, obrero y finalmente como profesor universitario. En noviembre de 1977 me escribió: 'Tanto parece que gozas de todo que voy empezando a no parecerme tan disparatada tu aventura'.

9. Detalles del origen

Nací en Madrid el nueve de junio de 1953 a las siete de la tarde en el Hospital de La Milagrosa, calle Modesto Lafuente 14 en el barrio de Chamberí. Me bautizaron con el nombre de Jesús María Aitor de Yraola López. Mis padres se llamaban Jesús María de Yraola y Asín (nacido en Madrid el 24 de octubre de 1923) y María Isabel López González (nacida en Segovia el 27 de noviembre de 1927) y mis abuelos paternos fueron; Jesús María de Yraola y Palomeque y (Lora del Río, Sevilla) y Vicenta Asín Vidaurreta (Olazagutia, Navarra) Mis abuelos maternos fueron Francisco Román López Martín (Medina del Campo, Valladolid) y Petra González García Salamanca (Segovia). Nombres y apellidos de origen vasco y castellano. Sin poder hacer nada al respecto nací español, aunque el 3 de febrero de 1989, por voluntad propia y razones de emigración, adquirí la nacionalidad islandesa y en consecuencia me hice *ciudadano islandés*. Según el *Libro del bebé* que escribió mi madre pesé al nacer tres kilos y ochocientos gramos y sonreí por primera vez el cuatro de agosto del mismo año. Mi madre escribió: 'Empezó a andar a los diez meses, más salado, parecía un patito, muy contento, además, porque salí corriendo detrás de papá que vino de Guinea justo un mes después'. Celebré el primer cumpleaños en casa de la abuela Vicenta y mi padre me regaló un tanque, un xilofón y un camión. Mi madre volvió a escribir en su diario: 'cada día está más salado, bueno y simpático'. Los primeros recuerdos que vienen a la memoria provienen de Constanzana, una casa rural a unos diez kilómetros del pueblo de Carbonero el Mayor, Segovia, en la Comunidad de Castilla-León, cuando tenía tres o cuatro años. Jugaba solo a la entrada de la casa, lucía el sol, cerca de mí había una alberca y entre la yerba me encontré con un sapo que escupió veneno, tal vez una temprana revelación del mal. En esa casa solían pasar temporadas de verano mis abuelos paternos. Sobre este primer recuerdo se superpone otro posterior o anterior de mis primeros años en La Campanilla, otra casa forestal también en la provincia de Segovia, en la Sierra de Rascafría, ambas bajo la jurisdicción de mi abuelo Jesús que fue, como he mencionado, ingeniero de montes y ex alcalde de Segovia. Una de las experiencias más cómicas de mi estancia en esa casa forestal de niño la recordó mi tía Rosi; cuando a los tres años el gobernador de Segovia y su séquito visitaron a mis abuelos un domingo, —al parecer el gobernador era obeso— me puse a imitarle y caminar como él ante la mirada estupefacta de los presentes, una vena humorística temprana que maduraría con los años. No resulta fácil evocar los primeros momentos de la infancia, pero de seguro que se encuentran entre pinares castellanos, el olor a resina y en compañía de mi madre y los abuelos paternos.

Los primeros años de mi vida los pasé en el segundo piso de una casa señorial de la Plaza de Guevara 4 en la ciudad de Segovia que era propiedad de mi abuelo paterno e igualmente en las casas rurales. Era un piso grande con una galería abalconada en la que siempre había luz. El alcalde, mi abuelo, tenía su despacho y vivienda justo al otro lado de la Plaza de Guevara. Nunca me atreví a entrar en las oficinas donde trabajaba, pero sí que pasé muchas noches en su casa. Mi abuela, Vicenta, una mujer frágil, delgada y dulce que siempre me invitaba a tomar mantecados de canela que hacía ella misma o su cocinera. A mis abuelos les gustaba que durmiera en una cama auxiliar plegable que solían colocar en un extremo del dormitorio y por la mañana, cuando me despertaba, habían colocado chocolatinas bajo la almohada esperando ansiosos mi reacción. Los primeros dos años de mi vida los pasé solo con mi madre ya que mi padre trabajaba en Guinea Ecuatorial, en el Servicio Nacional de la Madera de la ex colonia española.

De Segovia nos fuimos a vivir a la calle Galileo 80, sexto piso letra c en el madrileño barrio de Argüelles. Mi hermana Isabel Amaya nació a los dos años. Durante el resto de mi infancia y primera juventud solamente regresé a Segovia para veranear algunas veces en la casa de mi abuelo Paco, dueño de una fábrica de muebles situada en la calle Real, —en pleno centro— y de otros negocios que le habían convertido en un hombre adinerado, pero terriblemente tacaño. En su enorme casa de la Plaza Reina Doña Juana s/n, ahora derruida, y a la edad de doce o trece años, me solía alojar en la habitación que había sido de mi madre Isabel en el segundo piso. De esos veranos recuerdo que vagaba por habitaciones vacías, almorzando con mi abuelo en un silencio roto por las campanadas de un reloj de pared que daba los cuartos de hora. Teodora, la sirvienta, nos traía la comida y hacía todas las tareas de la casa. Con él vivía su hijo pequeño, el tío Luis que, aunque era seis años mayor que yo me ignoraba por completo y me tenía prohibido tocar su bicicleta a la que había quitado los frenos para que no la cogiera. El tío Luis era antipático y me trataba de forma despótica. De esos veranos de soledad recuerdo a uno de los carpinteros de la fábrica, Ramón, que nos solía hacer espadas de madera e iba a visitar también a las hermanas de mi abuela Petra dueñas de una sastrería en la calle Real, unas mujeres desbordantes de simpatía que siempre me abrazaban dando gritos. Con la tía Conchita solía quedarme a dormir, y en el ático de la casa tenían un gallinero del que cogían huevos para freírlos con chorizo de cena. También recuerdo que me consiguieron una bicicleta de unos amigos militares con la que salía fuera de la ciudad hasta el río Eresma y la fábrica de güisqui Dyk en la carretera hacia La Granja. En verano siempre hacía un calor de justicia y a veces mi abuelo nos llevaba a merendar en su coche gris marca Peugeot a unos pinares cercanos a La Granja. El abuelo se quedaba casi todo el día en la tienda y cuando regresaba a casa apenas hablaba conmigo, se sentaba en el salón frente a la televisión fumando como un carretero. En una ocasión se instaló en las afueras de la ciudad un parque de atracciones y me dio unas monedas para que me divirtiera. La casa tenía doce habitaciones, tres baños, terraza, un pozo artesiano en la entrada y garaje. En esos veranos aprendí a hacerme amigo de la soledad y a comprender, por la compañía de mi abuelo, lo que era la tristeza. La casa y el inmueble han desaparecido y en su solar se han construido pisos modernos.

La infancia en Madrid fue un período gris de mi vida. Éramos cinco hermanos; Isabel, Carlos, Santiago, Marta y yo. Durante los primeros años ocupé una habitación con mis dos hermanos que dormían en una cama con literas. Una habitación en mitad del largo pasillo la ocupaban mis hermanas y en otra, pegada a la cocina, la que más tarde ocuparía yo, vivía una sirvienta llamada Aurora que se casó con un picapedrero y se fue a vivir al pueblo de Moralzarzal, en la sierra de Madrid. El bloque de viviendas en el que vivíamos era moderno, tenía escaleras de mármol y un ascensor de madera de puertas correderas. La ventana del salón daba a un enorme patio con tejados acristalados que cubrían las cocheras de unos autobuses de línea que por las mañanas arrancaban los motores con gran estruendo. Nuestra habitación estaba decorada con dibujos muy divertidos de mi tío Ignacio, el pintor informalista. Ese piso fue mi hogar hasta que cumplí veinte años cuando nos mudamos al barrio de Chamartín, a la calle de Somontín 102 donde pasé mi primera juventud.

10. Los primeros colegios

A los seis años me llevaron al Colegio de San Miguel, un colegio alemán, tal vez por influencia germanófila paterna, situado en la colonia de El Viso. Y de esos primeros años recuerdo que aprendí alemán, que me apasionaban los trenes de madera con los que jugábamos en el recreo, los trabajos manuales, —como la decoración de huevos de colores en Pascua— y los disfraces. Con tan poca edad me convertí en un disfrazado David Crocket. Mi abuelo Paco, que por entonces ya se había mudado a Madrid con su mujer y dos hijos Luis y Carlos, vivía en un piso enorme de la calle Blasco de Garay y me iba a recoger en su Citroën (llamado *pato*) color negro. Y de esa primera etapa escolar en el parvulario alemán, de la que se conservan algunas pinturas de incalculable valor, ingresé en el Colegio Decroly para cursar la enseñanza primaria entre 1959-1964, un centro laico situado en la calle Guzmán el Bueno no lejos de donde vivíamos. No recuerdo bien por qué el colegio tenía tres inmuebles en distintas calles, pero en esos años pasé momentos amargos, a excepción de la compañía de los amigos que hice, ya que no aprendí apenas nada. La mayoría de los profesores estaban traumatizados por la Guerra civil y el director, el Sr. Reder era un emigrante alemán, decía ser un innovador con experimentos pedagógicos que en la práctica se traducían en un sistema autoritario más o menos encubierto con reparto de bofetadas, reglazos en los dedos y expulsiones. La Srta. Blanca solía castigarme escribiendo ejercicios de Matemáticas en la pizarra, el Sr. Leovigildo Puebla me daba reglazos, y la Srta. Herminia, la más bondadosa de los profesores que tuve fue la excepción porque corregía mis dibujos de Geografía. Fue con ella con quien aprendí por primera vez el nombre de la capital de Islandia. También me dieron clases particulares de Matemáticas y Física dentro y fuera del colegio. Y luego la Literatura la enseñaba un profesor manco terriblemente triste que me hizo odiar los sonetos, a Góngora, las rimas y al mismo Cervantes. Don Colino, el profesor de Gimnasia, fue el mejor maestro de todo el claustro y durante el bachillerato me abrió horizontes con las excursiones que solía organizar. Así descubrí los montes de Ávila, las sierras de los alrededores y el valor de un plato de lentejas calientes tras una buena caminata por el monte. En la primera etapa escolar no fui un estudiante brillante y a juzgar por las notas medias que sacaba no acabo de comprender cómo conseguí más tarde llegar tan lejos, vivir en otros países, aprender idiomas y obtener un doctorado *cum laude*. Las calificaciones más altas las obtenía en Lectura y Aseo y las más bajas en Matemáticas e incluso Lengua con un cinco de nota. En el examen de reválida, obligatorio al final de los cinco años de estudios, que se celebró en el Instituto Cisneros obtuve en; Latín, Lengua y Literatura españolas, Geografía e Historia un 5.4 de nota media. Algo sucedía en ese colegio, en la vida familiar o en mí mismo que me impedía concentrarme en los estudios. Durante el verano de 1967, con catorce años, me quedé en Madrid en casa del tío Carlos, hermano de mi madre, castigado sin veranear porque había suspendido asignaturas y al verano siguiente fue el párroco de la iglesia de Jávea, Vicente Perles quien tuvo que darme también clases particulares de Latín. Ese año comencé a escribir un diario que solamente registró *cinco días*:

> 16 de abril, domingo: 'Mañana: me levanto como de costumbre, hay churros, me pongo a estudiar hasta las 12.30, voy a misa, comulgo, me encuentro en ella con Lourdes y a *ricitos de oro*, como en casa. Tarde, termino de comer, pongo el tren, voy a ver a casa de mi abuelo a Luis pero no está, me vengo y me aburro durante toda la tarde'.
>
> 17 de abril, lunes: 'Mañana, me levanté y fui al colegio como de costumbre, en Historia consigo puntos, en Religión no me preguntan, en Literatura sí y no sé qué nota o un 3 o un 5, en la clase especial me llama un poco la atención el Señor Vera, subo con él la calle Blasco de Garay, llamo a Anuchina para lo de los papeles y me dice que cuando quiera, papá viene a las 10:30'.
>
> 18 de abril, martes: Mañana, examen de Química, creo que me suspende, en Ciencias me pregunta y apruebo, a la salida en la primera esquina me encuentro con Lourdes con otras dos amigas, tarde: Nada en particular excepto en Inglés que al fumármela llama la señorita, pero creo que se solucionará porque me van a poner una amonestación.
>
> 30 de abril, domingo: Voy a misa de 11 en la Ciudad universitaria. Vázquez me cuenta que Lourdes le llamó y preguntó por mí, me citó a las 12 en la Virgen Blanca, no sé si se lo ha inventado.
>
> 3 de mayo: Proyectamos una excursión para el jueves de Ascensión, van a ir niñas y creo que Lourdes también, a lo mejor se nos chafa. Le pegué un puñetazo a Gomis y él a mí no me hizo nada.

No recuerdo bien las causas, pero mis padres decidieron cambiarme de colegio justo cuando acabé el cuarto curso. Si el inmueble del primer colegio me pareció siniestro, una casa de varios pisos con habitaciones transformadas en aulas y áreas de recreo inexistentes, lo que me esperaba después fue aún más surrealista: el Colegio España, era un centro que había sido vaquería en la posguerra, se encontraba muy cerca de casa y ofrecía una enseñanza laica. En este nuevo colegio mi formación tomaría un curso inexistente. Mi hermana Isabel acudía también a la sección femenina, ya que entonces existía la división de sexos en los colegios, y mis dos hermanos pequeños habían obtenido becas para estudiar internos en Cheste, Valencia. Marta, la pequeña iba a un colegio de monjas frente al piso de mi abuelo en la calle San Francisco de Sales. Este reparto en distintos colegios y provincias se debió a que siendo una familia de cinco hermanos los gastos eran considerables y el sueldo de mi padre como Administrativo en el Ministerio de la Vivienda no era precisamente alto. Sospecho que mis abuelos costearían también de algún modo los gastos extraordinarios ya que mi madre, en la España de Franco, y sin haber tenido la oportunidad de estudiar, se dedicaba a sus labores y sólo podía trabajar en casa.

10.1. El Colegio España

Puede decirse que, entre este colegio, situado entre la calle Fernández de los Ríos y la de Galileo, transcurrieron, —con otras estancias alejadas esporádicas y algunos tropiezos— los años de mi adolescencia y juventud. Entré en el colegio con quince años y acabé los estudios de bachillerato a los diecinueve porque tuve que repetir el curso de Preuniversitario (el Preu) por el COU (Curso de Orientación Universitaria) cuando dí el paso en falso al estudiar un año de Arquitectura en Sevilla. En esos años perdí a los amigos del Colegio Decroly; a Cecilio Sigüenza, el hijo del militar que sirvió en el Sahara y murió de cáncer a edad temprana, a Torres que tenía un padre director de cine y una hermana muy mona, a Rubén con quien iba a entrenar natación en el estadio de Vallehermoso pero no a Julián Gómez a quién seguí viendo esporádicamente hasta la entrada en la universidad.

Como he señalado el Colegio España había sido una vaquería y estaba situado en un inmueble de seis pisos. La entrada que daba a la calle tenía un amplio espacio de recreo cubierto por una balconada. En el sótano, sin apenas ventilación, estaba el gimnasio y en los dos primeros pisos se encontraban unas habitaciones laberínticas transformadas en aulas pequeñas con pupitres de madera lacados. En el piso con aulas había una terraza en la que charlábamos durante los recreos. Elegí Ciencias en lugar de Letras y no acabo de entender cómo pude aprobar las asignaturas porque estaba claro que me había equivocado de rama. Ni el Latín ni las Matemáticas parecieron atraerme. En Física tuve a un profesor bravucón que llevaba pantalones campana. En Matemáticas a un hombre alcoholizado que daba las clases bebido y que en las pausas bajaba a tomar copas a un bar con el profesor de Química, un aficionado al boxeo que en una ocasión llegó a dar un puñetazo en la pared en mitad de una clase. En Inglés tuve a un maestro tímido y silencioso que nos hacía leer a Huckulberry Finn de Mark Twain, y en Historia del Arte a un profesor apasionado por la cultura que me animaba siempre a escribir buenos ensayos, uno de ellos sobre los templos y arte hindúes. En el curso de 1969-1970 acabé el Examen de Grado Superior con una nota media de 7.8 en; Filosofía, Literatura, Historia del Arte y Ciencias Naturales, y de 6.2 en Ciencias pero suspendí el examen de reválida obligatorio en el Instituto Cisneros de modo que me quedó pendiente todo el año. Tras este fracaso escolar elegí marcharme a estudiar Arquitectura con una beca del Patronato de Igualdad de Oportunidades a Sevilla, en Andalucía, decisión que sería un error vocacional. En el Colegio España todos éramos chicos en las clases así que no estaba muy acostumbrado a entablar relaciones con chicas. El primer año hice amistad con José Luis Barranco Sánchez con quien pasé mis mejores momentos durante todos los años de esa etapa y otros que ya se han desvanecido en el olvido que seremos. Además de asistir a unas clases insípidas y hacer excursiones por las montañas con los *boy scouts*, solía acudir a entrenar natación con un compañero llamado Rubén en una piscina del cercano estadio de Vallehermoso y también estudié inglés hasta el cuarto año en la Escuela Oficial de Idiomas, un idioma que me ha abierto muchas puertas a lo largo de toda mi vida.

La amistad con José Luis Barranco y las estancias en Sotillo de la Adrada en Ávila con su familia, el viaje a Alemania con la OJE, Villena, el padre Cueto y la religiosidad, Jávea y la Universidad Laboral de Sevilla fueron la constelación de experiencias que formaron mi adolescencia.

11. Con la OJE en Alemania. El curso de vela.

Cuando estaba estudiando en el Colegio Decroly *fui afiliado* por consejo paterno a la OJE (Organización Juvenil Española), una organización juvenil paramilitar que el Régimen del general Franco había creado destinada a la integración de la juventud española en el llamado Espíritu nacional. La OJE se fundó en 1960 era dependiente de la Delegación Nacional del Frente de Juventudes y heredera de las 'Falanges Juveniles de Franco' una rama juvenil del Movimiento Nacional que por esas fechas se encontraba en una fase *aperturista*. Era un *Movimiento* fundado para la hermandad y entrenamiento de los jóvenes que desearan hacer de su vida un permanente acto de servicio a la patria e inspirarse en valores cristianos. El lema de la OJE era: *Vale quien sirve'*. Los jóvenes se distinguían en tres categorías; los *flechas* de seis a diez años, los *arqueros* de once a catorce, y los *cadetes* de catorce a dieciséis, así que yo fui *arquero* y *cadete.* Se organizaban campamentos de verano con marchas, senderismo, montañismo y conocimiento del medio ambiente.

Entre los doce a dieciséis años pasé parte del verano en campamentos juveniles de la OJE. El primero fue en Cercedilla, en la sierra de Madrid, el segundo en Riaño en la provincia de León, un pueblo actualmente cubierto por un pantano, y el tercero en el norte de Alemania, en la: Segel Schule, 2334 Fellhorst, Bei Fleckeby en Schleswig Holstein que era una granja convertida en escuela de verano al norte de Alemania donde, —con dieciséis años— realicé un curso de vela. En la sierra de Madrid y con quince años viví extrañas experiencias cuartelarias; vestíamos de uniforme, camisa gris niebla con bolsillos de solapas y hombreras, pantalones grises cortos o largos, cinturón con cinta de cuero negro y hebilla dorada con el emblema de la OJE. También teníamos que llevar boina azul. En la Organización existía una jerarquía pseudomilitar con varios tipos de insignias y jefes de centuria. Debíamos cantar canciones patrióticas como el *Cara el sol*, comer en platos de aluminio rancho militar, dormíamos en tiendas de campaña, debíamos cumplir disciplina, desfilar con banderas, hacer marchas por el monte y practicar deporte lo que era una clara invitación a participar en un ejército juvenil. El emplazamiento de ese campamento en la sierra de Madrid lo volví a visitar con mi hijo a principios de los años noventa y aún quedaban allí las suaves lomas y los mismos parajes e incluso la casa donde se servía el rancho.

En Riaño (Comunidad de Castilla y León) el campamento se encontraba en un valle junto a un río, recuerdo vagamente que realicé el viaje en tren desde Madrid y que desde León tuve que ir en camión hasta ese campamento. Fue una experiencia irreal haber sido parte de un pequeño ejército de niños y recibido insignias en la camisa como *flechas* o *luceros*. Toda la parafernalia paramilitar estaba latente en las actividades. Volví a visitar ese lugar con mi mujer a finales de los años setenta cuando, en un verano, viajamos en moto desde Bilbao a Madrid y nos quedamos a dormir en la única posada abierta vadeamos el río y caminamos por un pueblo fantasmagórico que más tarde quedaría cubierto bajo el agua.

El último campamento en el que participé antes de pasarme a los *boy scouts,* fue el campamento de verano en Alemania. El viaje y la estancia fueron una invitación de los *boy scouts* alemanes. Salimos de Barajas el 27 de junio de 1969, el viaje de ida lo hicimos en avión hasta Hamburgo donde visitamos el zoológico y el resto del viaje lo hicimos en furgonetas *volkswagen* cedidas por un editor alemán, regresé a España por tren el 21 de julio. El conductor del coche se llamaba Werner y me permitió conducir en algunos trayectos por carreteras rurales. Visitamos varias ciudades en el norte de Alemania, en Schleswig vimos la catedral protestante, —que en otro giro de la vida volví a visitar con mi hija Sif en el verano de 2010— y el *Freilichtmuseum* de Kiel-Rammsee. También fuimos en tren a Westerland en Nordsee-Insel Sylt, casi en la frontera danesa donde nos bañamos y comimos en la playa. De mi estancia en la escuela de vela escribí un diario en el que describía mis impresiones reflejando cómo nuestros anfitriones nos agasajaron con hospitalidad, y fue la primera experiencia en un país extranjero conviviendo con jóvenes alemanes. En el diario describía las dificultades de relacionarse y la necesidad de hablar inglés para hacerse entender fuera de España. Ese verano aprendí a navegar en velero con mucha ilusión, gané la regata final después de haberme caído al agua varias veces, y también una carrera de campo a través. Estuve en una fiesta de pueblo donde bailé con chicas alemanas y colaboré con otros jóvenes en la construcción de una cabaña de madera. Organizamos también un partido de fútbol que perdimos contra los alemanes e hicimos un viaje hasta Dinamarca para ver el Museo vikingo de Fredericia. Fue una experiencia intensa porque el mundo cerrado del colegio, familia y país se vio ampliado con vivencias y logros deportivos. De los compañeros con los que hice el viaje cruzando Europa quedan tan solo algunos nombres; Roberto, José María, Federico, Petra o Ramiro el intérprete. Desde Schleswig escribí postales y recibí cartas de mis padres y también recibí una carta de mi amigo Julián, el último amigo de ese período que años más tarde se recuperaría del alcoholismo y la drogadicción. En 1969 el hombre llegó hasta la Luna, yo había llegado hasta Alemania. El diario se cierra con una frase: 'Treinta y ocho horas sin dormir desde París hasta Irún'. El mundo no comenzaba ni acababa en una calle o en una ciudad, sino que se extendía en horizontes lejanos.

12. Villena (Alicante)

En el verano de 1970, tras aprobar quinto de bachillerato con buenas notas, me fui con un compañero de colegio llamado Álvaro a pasar el mes de julio en la ciudad costera de Jávea, provincia de Alicante, donde mi familia solía veranear. El verano anterior había hecho amistad en la playa con unas chicas inglesas y durante el invierno nos habíamos escrito para procurar vernos de nuevo. En la ciudad no teníamos casa ni nadie nos había invitado, pero aun así decidimos irnos en tren a la aventura con sacos de dormir. Mi pasado como excursionista y el viaje que había hecho a Alemania el año anterior me habían dado confianza en mí mismo Las primeras noches pernoctamos en una azotea de los Apartamentos Monada enfrente de la playa de la Concha. Nos levantábamos al amanecer y colgábamos las mantas en las cuerdas para tender ropa. Resultaba mágico dormir contemplando las estrellas y despertar con el calor del sol bañándome el rostro. Pasamos la mayor parte del tiempo nadando en la playa, buceando entre las rocas, leyendo y visitando el puerto distante a unos tres quilómetros. Participé en una competición de natación en la que quedé en el décimo puesto de treinta y dos competidores, y también tomamos parte en las bárbaras fiestas del pueblo que consistían en arrinconar a un becerro en el muelle hasta que caía al mar desde donde era rescatado con redes para devolverlo a tierra, un ejemplo más del país bárbaro en el que había nacido. Solíamos salir con los hijos de compañeros de trabajo de mi padre del Ministerio de la Vivienda que pasaban el verano allí con sus familias. Uno de ellos se había enterado de que estábamos pernoctando en la azotea y nos ofreció una habitación en su piso. Nos encontramos con Sally Haynes y su amiga Louise, las chicas inglesas que habíamos conocido el verano anterior con las que pasamos veladas en la playa. Durante el invierno nos habíamos carteado y hasta me atreví a solicitar trabajo como camarero en un hotel de Bournemouth donde Sally iba a trabajar, solicitud que fue rechazada por A.H. Williams, General Manager del Highcliff Hotel con un escueto mensaje: *'I am afraid that we do not have a position to offer you'*, la primera frustración profesional de mi vida. Ese mes de julio, con diecisiete años percibí lo que era la libertad, solía nadar de una punta a otra de la ensenada de la playa de Jávea, y mi entrenamiento durante el invierno en la piscina del estadio Vallehermoso en Madrid facilitó esas travesías a nado. A primeros de agosto tomé el tren de regreso a Madrid, pero me bajé en la estación de

Villena, una ciudad en el interior de la provincia de Alicante, donde vivía mi tía Mary hermana de mi madre, casada con Antonio Valiente un fabricante de muebles. No tenían hijos así que me recibieron con los brazos abiertos. A estos tíos apenas los había visto, aunque en Madrid siempre recibíamos de ellos ropa y bollos típicos de esa ciudad llamados *toñas*. La tía Mary era una mujer amable, sencilla y una ama de casa ejemplar. Vivían en la calle de San Francisco 5 en un piso grande decorado con elegancia provinciana, un balcón siempre soleado lleno de flores y un garaje, un inmueble que ha desaparecido. El tío Antonio era un poco afeminado, pero desbordaba simpatía, tenía un telar en casa y solía encontrarse con sus amigos en una tertulia. Vestía muy bien y ambos me colmaron de atenciones. Desde ese mes de agosto y con diecisiete años se abrió ante mí un mundo de relaciones nuevas en una ciudad de provincias de la que sólo había tenido noticias por carta.

En Villena conocí a María José Guillén Yagüe, a su hermano Florencio y a sus amigos Fernando y Virtudes Forte. Todos vivían en la misma casa e iban al colegio juntos, todos éramos adolescentes buscando un camino en la vida, me ofrecieron su amistad con generosidad y convencieron también para que participara en las fiestas de Moros y Cristianos del 4 de setiembre de ese año, y para ello me buscaron un traje cervantino de *estudiante*. Cuando escribo estas líneas (2025) María José padece la enfermedad de Parkinson desde hace años, se divorció de su marido Ramón que falleció al poco tiempo y vive atendida por una cuidadora y el afecto de sus hermanos en su casa de Villena. La adolescencia, y la vida pasan como un suspiro. Han transcurrido décadas desde entonces y entre los fragmentos rescatados de la memoria de esos años el recuerdo más dulce es el de María José Guillén que fue la primera chica en mi vida, una atracción que desde la adolescencia se fue transformando en amor platónico, y luego en una gran amistad que, a pesar de la distancia, los reveses de la vida y el tiempo, permanece hasta el presente. Visité Villena en varias ocasiones durante el bachillerato, sobre todo en las vacaciones de Semana Santa, en el primer año de universidad y durante el tercer año la fui a visitar en Valencia ya casada con Ramón, y desde entonces no volví a ver ni a María José, Florencio ni tampoco a su familia hasta 1994 cuando hice un viaje a Valencia y Biar, —pueblo cercano a Villena con mi hijo. María José, þorsteinn y yo hicimos el viaje en tren desde Valencia hasta Villena, en un itinerario casi irreal que nos hizo deshacer el tiempo perdido para reencontrarnos en la ciudad donde nos habíamos conocido durante la adolescencia y visitamos juntos la mansión familiar de Biar, con piscina y lujo. Me pareció que su hermano Florencio apenas había cambiado, seguía siendo ese joven amable y provinciano de siempre; me mostró las yerbas aromáticas que crecían en la finca y me felicitó por el curso que había tomado mi vida. Florencio ya había sustituido a su padre en la dirección de la fábrica de zapatos que tenían, era además padre de un niño de cinco años. Pude constatar que sus padres apenas se hablaban y más tarde se separarían, su madre me pareció una de las actrices extravagantes del cine de Pedro Almodóvar. En estos últimos años he vuelto a visitar la Valencia de María José, a sus dos hijas y nietos, acompañado de mi hijo.

Villena abrió un mundo de amistades en una ciudad pequeña y me ofreció el cariño incondicional de mi tía Mary quien en julio de 1972 me confesó el lugar que desde pequeño había ocupado en su vida:

> '...desde que naciste como estuviste entre nosotros más que ninguno, parece que te tenemos más cariño, luego tu manera de ser, tan formal, tan preocuparte por todos los tuyos, yo he deseado hacer por ti todo lo que estuviera en mi mano y debes ver la vida sin amarguras'.

13. José Luis Barranco y Sotillo de La Adrada (Ávila)

Aparentemente resulta sencillo mirar hacia atrás y recordar a los primeros amigos de la infancia, unos se han convertido en sombras (Arriola, Bartolomé Otárola, Juan Cecilio Sigüenza Pinilla, Cristina Cáceres) otros sin embargo permanecen formando recuerdos imborrables de encuentros en el pasado. Julián Rodríguez San Martín, José Luis Barranco, María José Guillén, Guillermo Gil son ahora nombres en la memoria fugaz, pero con ellos compartí dulces horas durante varios años de mi adolescencia y juventud.

El primer amigo que tuve fue Julián, hijo de un funcionario del Ministerio de Previsión que tenía una hermana varios años mayor que él casada con un inspector de policía que vivía en una calle cercana a la mía. Era un chico débil de carácter, pésimo estudiante y completamente mimado por unos padres que le colmaban de regalos. Su abuela regentaba la Pensión Portela en la calle Sagasta 23, en el barrio de Argüelles de Madrid. Fuimos juntos al Colegio Decroly y compartimos la entrada en la adolescencia, salíamos de paseo por el barrio, realizábamos gamberradas inocentes como tirar petardos o llamar a los timbres de las casas, pero éramos también niños normales que construíamos maquetas de aviones, leíamos tebeos y jugábamos con trenes eléctricos y soldaditos de plomo. Cuando me fui a estudiar a Sevilla perdí contacto con él y más tarde, ya en segundo año de carrera, supe que se había metido en drogas, procuré ayudarle en todo lo que pude, su padre, Julián Portela, me dijo que había ingresado en un hospital durante un tiempo. La última vez que le vi fue en la UIMP de Santander donde yo realizaba un curso de verano mientras estudiaba en la universidad. Había cambiado mucho, tenía gafas, estaba gordo y su mirada delataba desorientación. Esto es todo lo que permanece de una amistad: unas cuantas líneas escritas. Del Colegio Decroly también se difumina la sombra de Juan Cecilio Sigüenza Pinilla, hijo de un militar que sirvió en el Sahara con el Ejército del Aire y murió de cáncer bien joven. La última carta que recibí de él fue en abril de 1969 desde Murcia donde estaba realizando un curso de piragüismo. Ambos teníamos dieciséis años y no volví a saber nada de él.

Sin embargo, el mejor amigo de mi adolescencia fue José Luis Barranco Sánchez y su familia. Vivía en la calle Andrés Mellado 98 no lejos de mi casa en un bloque de viviendas para militares. Su padre, José Luis, era un coronel del Ejército del Aire que trabajaba en el Museo del Aire como maquetista y su madre, Carmen, era una mujer buena y paciente. Tenía dos hermanos, —gordos como el padre— que eran unos genios en Matemáticas y se hicieron ingenieros, también tenía una hermana maestra, Coli. José Luis, al contrario que Julián, era fuerte, alto, simpático y solía hacer ejercicios de bíceps con las pesas de un reloj de pared. Como en mi casa el ambiente solía ser tenso durante las fiestas de Navidad debido a que mi padre llegaba tarde a casa bebido, me iba a pasar temporadas cortas en Navidad o Pascua con la familia Barranco. En mi casa nunca hubo un ambiente navideño, cenas de Navidad con alegría o apertura de regalos en familia que yo recuerde así que era con la familia Barranco donde encontraba calor humano sobre todo junto a la chimenea de la casa de campo que tenían en La Adrada (Ávila), a las faldas de la Sierra de Gredos. Sus padres me tenían mucho cariño y me trataban como a un hijo más de una familia que incluía también a su primo Enrique que había quedado huérfano.

Las estancias en La Adrada están llenas de buenos recuerdos. En la misma urbanización a las afueras vivían tíos y amigos de sus padres, —como Pablo Ballesteros que era violinista en la orquesta nacional— con hijos de nuestra edad con los que hacíamos excursiones por el campo. Con José Luis y sus primos, que eran un poco pijos, organizábamos bailes en los garajes de las casas de campo que nosotros decorábamos. En esas fiestas aprendí a bailar agarrado, una de las chicas, Cristina Cáceres Navarro, de diecisiete años me escribió en enero de 1970:

> 'Por fin voy a decirte lo que pienso de ti. Me pareces un chico bastante atractivo con tu pelo rubio y tus ojos azules, aunque verdaderamente esto no tiene mucha importancia ya que lo que más vale de ti es tu interior. En realidad, no sé cómo explicarme porque de verdad me impresionaste, pero lo voy a hacer. Eres un chico muy profundo, espiritual y sin duda esto te lo ha comunicado tu gusto por la naturaleza y la montaña. Se te notaba en los ojos cuando mirabas a un monte. Eres un chico sano, deportista, sin complejos, que te sabes defender bastante bien en la vida, aunque tu edad no sea muy elevada.'

Tenía razón Cristina en que durante esos años me entusiasmaba la naturaleza. En esa Navidad de 1969 gané una apuesta con los primos de José Luis ya que ascendí y descendí hasta la cumbre del Mirlo (a 1770 m. de altitud), el más elevado de la sierra, en un solo día. Era diciembre, pero recuerdo que el día del ascenso lucía el sol y los alrededores del mojón de la cumbre estaban cubiertos de nieve. Hice fotografías desde la cima y en el descenso a toda marcha antes de que anocheciera perdí un jersey azul que me había hecho la tía Mary y un cuchillo toledano regalo de mi abuelo Jesús.

Estas son las imágenes (el hombre es a veces como una cámara de fotos) que rescato del olvido; el calor humano, el olor a leña quemada en la chimenea de una casa de campo en La Adrada llamada Leku-Ona, la *ropa vieja* que preparaba la madre de José Luis, las cartas de Cristina que murió en un accidente de coche, la caricatura que dibujó el padre de Jose Luis, un hombre amable e inteligente. De esta amistad quedan también unas cuantas cartas que José Luis me mandó a Sevilla en las que me confesaba su primer amor por una chica francesa, la elección de los estudios de Topografía y me animaba en mis estudios. Ambos abrimos caminos por unos senderos de la vida que finalmente nos separaron. Volví a saludarle brevemente en Madrid en junio de 1998 cuando me presentó a su mujer Emilia, y en el 2000 con ocasión del fallecimiento de mi madre cuando fui a visitarle a su casa en Madrid con mi hijo. Vivía entonces en la calle Donoso Cortés, en el mismo barrio de siempre, una calle estrecha, ruidosa y llena de bares cerca de la plaza de Quevedo, nuestro mundo de la adolescencia apenas había cambiado, tenía la misma voz aguda y estaba conmovido por volver a verme con mi hijo. Su madre había preguntado por mí así que fui a visitarla una tarde para darle un abrazo y agradecerle todo el cariño que me había profesado durante mi adolescencia. José Luis parecía cansado de su trabajo como topógrafo viajando siempre fuera de Madrid o en otras ciudades. Tenía una hija que estudiaba ingeniería de montes y un hijo que era fisioterapeuta. Emilia era una mujer sencilla y dulce. A mi regreso a Madrid en el 2017 le llamé y nos vimos varias veces, comimos juntos con su mujer e hicimos una excursión para visitar la familiar de La Adrada que permanecía congelada en el tiempo. Le regalé entonces un juguete chino, un pollito mecánico como recuerdo del apodo cariñoso con el que le llamaba siempre su madre, *pollito*. Uno confía en que la amistad perdure, pero a veces lo hace solamente en el corazón porque la madeja de la vida se encarga de tejer y destejer los hilos del destino.

14. Sevilla: Arquitectura

Cuando acabé el Preu (Preuniversitario) en el Colegio España con relativamente buenas notas había que pasar un examen llamado *de reválida* en un instituto público estatal y ese examen lo suspendí así que en 1971 decidí estudiar Arquitectura en la ciudad de Sevilla. Esa no fue una elección acertada porque no comprendía bien las Matemáticas ni tampoco sabía qué era la Arquitectura. Hubo razones externas que por debilidad o incertidumbre sobre mi futuro me empujaron a elegir ese camino equivocado; mi padre trabajaba en el Ministerio de la Vivienda y esperaba que con esos estudios consiguiera un empleo fácil, teníamos también un pariente arquitecto que me ofreció trabajo un verano como dibujante en su estudio de Arquitectura, y además me ofrecieron una beca en la Universidad Laboral de Sevilla. Las universidades laborales se fundaron en España en 1956 y fueron una experiencia provechosa del franquismo, centros donde los hijos de los obreros podían realizar estudios técnicos de grado medio, financiados por las cuotas obligatorias, eran las universidades para estudiantes pobres. La Universidad Laboral José Antonio Primo de Rivera (nombre del fundador de la Falange española) en Sevilla estaba situada a 7 km. de la ciudad en la carretera de Sevilla-Utrera que más adelante se convertiría en la Universidad Pablo de Olavide. Era un edificio central del que partían en forma de alas las construcciones dedicadas a; residencias, aulas, talleres y otros servicios. Además, disponía de cocina y comedores para 1400 alumnos, enfermería, salones de juegos, cine y un autobús hasta la ciudad. Contaba también con una pista de atletismo que solía utilizar bastante, pistas cubiertas para; gimnasia, frontones, campos de fútbol y una piscina olímpica. El campus estaba dominado por una torre elevada de sesenta y tres metros de altura y la administración de la universidad estaba dirigida por la orden religiosa de los Salesianos (en Gijón fueron los Jesuitas y en la de Tarragona por personal civil del Frente de Juventudes). A esta universidad laboral acudían estudiantes becados de toda España y se realizaban estudios de; bachillerato, formación profesional, arquitectura, ingeniería agrícola y química. Había una sirena que anunciaba las actividades. Yo estuve en la residencia Fernando Herrera, nombre del conquistador de Sevilla, en una habitación pequeña donde siempre hacía frío y me calentaba con un infiernillo que también servía para tostar pan.

Mientras que yo intentaba aprender Arquitectura en vano en Sevilla, mis hermanos Carlos y Santiago estudiaban internos en la Universidad Laboral de Cheste (Valencia) y mi hermana Isabel en la de Zaragoza (Aragón). Todos menos Marta estábamos estudiando en universidades laborales fuera de Madrid. Para mí fue otro año perdido, primero el suspenso en las materias de Ciencias en el Preu del año anterior, y ese año el haber tomado una decisión equivocada sin tener talento para Ciencias, ¡cómo se me había ocurrido elegir una carrera técnica! Hasta tal punto estaba entonces tan confuso sobre mi porvenir. Con dificultades terminé el primer semestre con malas calificaciones. En la universidad el psicólogo José Andrés Villar me hizo un examen psicotécnico que dio como resultado un 70% de aptitud hacia las *letras, relaciones verbales y conceptuales complejas*, exploración que se complementó con un test de inteligencia en Madrid realizado por otro psicólogo, Francisco Fernánez Pozar quien estimó mi C.I en 130 con un razonamiento verbal sobresaliente mientras que el numérico era bajo. Descubrió también que presentaba preferencias por las actividades de tipo asistencial y literarias, acusando cierto control emocional consecuencia de mi estado vital dubitativo. Terminaba su informe diciendo que contaba: 'con un magnífico fondo moral y vital que me capacitaba para esperar de mí grandes cosas y que fuera el autor director de la melodía de mi propia existencia'. Con estos avisos de haber optado por un camino equivocado en los estudios a principios de enero de 1972 decidí abandonarlos siguiendo una voz que me susurraba dedicarme a las Humanidades. *'Yo no valgo para ser ingeniero o arquitecto'* le escribía a mi padre a primeros de 1972. A finales de febrero le anunciaba que regresaría a casa y él me sugirió que solicitara un traslado a otra universidad laboral para acabar los estudios pendientes o ingresar en el Ejército del Aire como 'voluntario y en calidad de tropa con instrucción técnica especial'. 'Vente con todos nosotros' me escribió en su última carta. Todos los hermanos fracasábamos en los estudios y mis padres temían que perdiéramos las becas porque ellos no contaban con medios económicos para costear nuestra educación y apenas para mantenernos. La preocupación económica siempre fue una constante familiar.

Desmotivado y confuso durante ese semestre de invierno regresé a Madrid a casa de mis padres con un sentimiento de fracaso. Durante esos meses de incertidumbre recibí varias cartas de mis padres; mi madre me hablaba de sus 'dificultades económicas' (tenían que mandarnos a todos dinero para gastos de bolsillo) confesándome que Dios ponía en su camino a personas que la ayudaban como el amigo de mi padre Chechu, también del silencio de la casa sin hijos o de la celebración del día de su santo: se había ido a misa a dar gracias a Dios por haber vivido un año más y podido superar las dificultades por nosotros, mi padre le había regalado un ramo de flores, había preparado una comida especial, la tía Julia (tía de la abuela Petra) le había traído pasteles y sidra, mis hermanos le habían escrito felicitaciones, yo la había llamado por teléfono, y por la tarde el abuelo Jesús había ido a visitarla con una caja de bombones. Mi madre disfrutaba de buenos momentos, pero en una de sus cartas me había escrito: '¿Qué puedo hacer yo para que mi hijo despierte mañana más feliz y más contento?'.

También en Sevilla escuché las voces de mis hermanos distantes, mi hermana Isabel (que estudiaba sexto curso de bachillerato) me hablaba de las dificultades que tenía con el griego, las buenas comidas que recibían, su interés por el baile, que echaba de menos a nuestros padres y de cómo su padre la animaba a que viviera su experiencia en Zaragoza con responsabilidad, diciéndole que 'la vida era una escalera larga que subía a la felicidad'. La fachada de la residencia en la que vivía era color naranja como sus sueños. Isabel murió atropellada por un coche el 26 de diciembre de 1989, tenía treinta y cuatro años y expiró en los brazos de mi padre. Mi tía Mary también me escribió para hablarme de la soledad en la ciudad de provincias donde vivía, la lejanía de los familiares, sus ocupaciones domésticas y de la tristeza que sentía el abuelo Paco en Segovia, viudo, triste y solo. También me escribieron amigas que se han convertido en sombras de la memoria (Charo, Berta, Esperanza, Carlos). Mi hermano Santiago me escribió desde Cheste (Valencia) para decirme que habían traído doscientos cuarenta libros nada baratos y que me acordara de felicitar a mi hermana Isabel en febrero, y Carlos, con una letra impecable, hacía una síntesis literaria de sus impresiones en el internado valenciano.

En la revista *Foro*, publicada en la Universidad Laboral en diciembre de 1971 publiqué un artículo titulado *Pasear* sin duda una muestra de mis intereses por los temas literarios:

> 'A mí me gusta, aunque haga frío, pasear divagando. Paseaba yo, pues, por todos estos lugares cercanos a nuestra universidad, viendo correr y pasar mil cosas sencillas y vulgares que, acertando a descubrir el escondite de su

intimidad, nos hacen dar cuenta de que en realidad no hay cosas sencillas, sino que todo es parte de algo tan complejo como la incomparable obra de la creación.

Iba, además, creando en la imaginación nuevas esperanzas y caminos por los que encauzar más felizmente mi vida, en un ajetreado vaivén de deseos dispares. Después de caminar sin rumbo durante un buen rato, conseguí alejarme, sin pensarlo, de todas esas cosas y vidas que con insistente regularidad acierto a ver cada día; el recodo de la escalera en cuyo rincón hay siempre un cenicero plateado, el armario marrón de puertas abiertas, los sillones azules, los bloques de edificios con ventanas mirando al cielo…,y observando el edificio que me rodeaba sentí que al aire libre no se escuchaban todos esos ruidos familiares aunque mis pasos reverberaban por el interminable pasillo de mi planta, tachonado de blancos y pulidos baldosines.

De cuando en cuando me paraba a reflexionar y mirando fijamente a la indecisa línea del horizonte que se desdibujaba cargada de nubes, me preguntaba sobre el pasado y las ilusiones del porvenir, murmurando respuestas y sintiendo una intensa satisfacción. Me estaba dando cuenta de que yo era alguien diferente, entusiasmado por la vida que surgía a mi alrededor, con los arbustos de jacinto, el olor a tierra limpia y hasta con el cric-cric monótono de un grillo que me hacía compañía en el paseo. Había dejado atrás las preocupaciones, estudios y limitaciones diarias, olvidándolos por completo y llegado a concentrarme en la línea del horizonte empapada de recuerdos.

Alcé luego la mirada, contemplé una bandada de pájaros graznando sobre un fondo azul intenso, aspiré una bocanada de aire hasta llenar mis pulmones y me sentí renovado. Estaba descubriendo una vez más lo verdaderamente mágico: la vida en sí misma reflejada en la belleza circundante y en unos sentimientos que habían logrado aflorar de la gris rutina. Estaba embebido observando el simple vuelo de los pájaros y el luminoso resplandor de la lejanía cargada de nuevas esperanzas. Me ilusioné por el simple placer de pasear.

¡Es tan sencillo salir por ahí de vez en cuando para sentirse uno mismo! Hay que ver, aunque solo sea de refilón la cantidad de poesía invisible que existe alrededor de nuestra universidad, esas cosas cercanas que no las captamos de puro grandes y bellas que son. Miremos hacia las estrellas alguna noche, pensemos en nuestros ideales más elevados, paseemos largamente divagando y encontrándonos a nosotros en la Naturaleza. No está mal ser un poco soñadores y alejarse de vez en cuando de nuestras rutinas'[25].

Había estado meses viviendo cerca de Sevilla, pero sin apenas conocer la ciudad con excepción de la calle Sierpes, y el parque de María Luisa donde se habían filmado secuencias de *Lawrence of Arabia*. Vivía en el recinto de la universidad confuso y lleno de dudas por el futuro.

El resto de ese año desde mi regreso a Madrid prosiguió la incertidumbre, tenía diecinueve años y no sabía a qué dedicarme o estudiar. Preparé unas oposiciones para ingresar en el Banco de España, tomé clases particulares en Ciencias para intentar aprobar las asignaturas pendientes del Preu, hice planes para comenzar el C.O.U. (Curso de Orientación Universitaria) y pasé dos semanas del verano en la Hospedería del Valle de los Caídos con mi abuelo Jesús. Antes de marcharme a Sevilla había conocido en Madrid al padre Cueto, un sacerdote de la Congregación de Cooperadores de Cristo Rey en Pozuelo de Alarcón un municipio de Madrid, y participaba con otros jóvenes en reuniones espirituales en un piso con capilla. En el Colegio España había sido monaguillo del profesor de Religión que era sacerdote y con tal solemne acreditación me prestaba una sala en el edificio de la iglesia donde organizaba guateques con mis amigos. Con el padre Cueto mantuve amistad durante varios años hasta 1974, fue mi mentor espiritual y en ese verano de incertidumbre organizó una convivencia religiosa en el Monasterio de El Paular. Uno de los compañeros se llamaba Ruben era colombiano y se hizo misionero. La experiencia de esos días de convivencia en el Monasterio de El Paular fue memorable, el programa que el padre Cueto preparó decía: 'Nos reunimos en el nombre de Cristo para responsabilizarnos como cristianos para ir madurando como personas'. Había tiempo para la meditación, el estudio, las excursiones a la montaña y los quehaceres diarios. El padre Cueto era un hombre sereno, inteligente, siempre dispuesto a escuchar y sugerirme ideas. Me tenía presente en sus oraciones y decía: 'La fe es paradójicamente luminosa y oscura, luminosa porque nos manifiesta un mundo de realidades inaccesibles a la sola inteligencia que vienen a completar el Universo y dar pleno sentido a nuestra existencia'. En 1973 me escribió desde la Casa San

---

[25] También publiqué otro en la revista *Uni* titulado: 'Cristo y mi revolución', expresión de mi temprano misticismo, que se editó en diciembre de 1972. Como una premonición de mi futuro y viajes escribía al final del artículo: 'El mundo pequeño en el que nos desenvolvemos y aquél otro más grande que nos mueve a todos nosotros necesita de nuestra comprometida revolución cristiana' *Uni*, Madrid, 1972(octubre-diciembre), nr. 19, p.27.

Giuseppe de Roma para decirme que: 'veía con alegría cómo la Gracia había ido trabajando en mí como ese fuego de los bosques que se mantiene y extiende secretamente bajo la capa de humus y broza'.

15. Filosofía y Letras

El 2 de noviembre de 1972 me admitieron como estudiante en la Facultad de Filosofía y Letras de la Universidad Autónoma de Madrid tras haber pasado un examen de selectividad sin embargo decidí matricularme en la Universidad privada de San Pablo (CEU), un centro católico elitista para estudiantes ricos porque me habían concedido una beca de estudios que cubría la matrícula. Estaba cerca de la calle donde vivíamos y por las tardes acudía en moto a otra universidad muy distante de casa para estudiar Sociología, carrera que simultaneaba con una licenciatura en Filosofía y Letras.

Me costó mucho decidirme por un estudio concreto y ni entonces, ni aún ahora mientras escribo estas líneas, he encontrado una sola vocación a excepción de escribir porque todo me parece interesante. No sabía bien qué estudiar, aunque me orientaba hacia las Humanidades y las Ciencias Sociales. El primer año de estudios fue extraño, estudié con hijos de familias acomodadas como los Huarte (una familia de constructores) Conocí también a María Teresa Oñate, hija de un general que fue el militar responsable de la ejecución de unos terroristas de ETA en los últimos años del franquismo que vivía en un piso custodiado por soldados, y con ella acudí a foros intelectuales y conferencias. María Teresa era presumida y vivía en un mundo irreal, intelectualizado, actualmente es catedrática de Filosofía en la UNED. No tenía novia y las chicas me interesaban poco, menos que los libros o las exploraciones humanas e intelectuales. Trabajaba unas horas por las tardes en una librería (Tramontana) que estaba en la calle de San Francisco de Sales, la misma calle en la que vivía mi abuelo Jesús y era beneficiario de una beca del PIO (Patronato de Igualdad de Oportunidades) para estudiantes con modestos recursos económicos. Acudía a conferencias, sesiones de cine en las residencias universitarias y leía cuanto podía. Una de las asignaturas que tuvimos el primer año fue Antropología Cultural y tuvimos que realizar un trabajo de campo sobre la Estructura de poder en un pueblo llamado Cogolludo en la provincia de Guadalajara una experiencia inolvidable en ese primer encuentro con la vida universitaria y la convivencia con compañeros de clase en un pueblo castellano. Viajé en una moto que había comprado usada, y me alojé primero en casa de un cura, y luego en una escuela llena de chinches. En el trabajo de campo llegué a la conclusión de que el caciquismo era una realidad en la España rural. Una de las noches de cielo limpio José Luis, un compañero de clase, me llevó hasta las ruinas de una iglesia donde, contemplando las estrellas, escuchamos música de Bach. El primer año transcurrió deprisa y saqué buenas notas, pero los cursos en Filosofía y Letras o Sociología no me acababan de satisfacer por completo y me pasaba los veranos estudiando las asignaturas de Sociología. Practiqué dos años judo en el club Bushidokwai que dirigía el peruano Alfredo San Bartolomé, el primer judoka que introdujo el judo en Madrid fundador un gimnasio en la calle Donoso Cortés 53 cerca de nuestra casa. El Judo o Bushido era un ideal de los caballeros medievales japoneses o como dijo Seirjoku-Zenyo, 'la manera de usar lo más eficazmente posible la fuerza del cuerpo y del espíritu'.

Durante el primer y segundo año en el CEU participé en numerosas actividades culturales. Me sentía abierto a toda influencia artística o intelectual y todo me interesaba, era un diletante. En una época política convulsa trabajé un año con ANUE (Asociación de Universitarios Españoles) y organicé con ellos la primera Semana de Antropología en Madrid que inauguró el famoso antropólogo Julio Caro Baroja. En el primer año hice amistad con Guillermo Gil Escudero una persona individualista, egocéntrica y vanidosa que trabajaba en un gabinete psicológico. Cuando muchos años más tarde fui despedido ilegalmente de mi puesto en la Universidad de Islandia se limitó a sugerir con frivolidad: 'que trabajara en una agencia de viajes' y desde entonces no le volví a ver.

A mediados del verano de 1973, —mi primer año en la universidad— participé en un curso sobre *Filosofía contemporánea* en la Universidad Internacional Menéndez Pelayo (UIMP) en Santander, y tuve la fortuna de alojarme en una habitación del Palacio de La Magdalena. Ya había estado anteriormente en ese magnífico palacio al finalizar el COU y desde entonces me enamoré de los paisajes verdes de Santander, una ciudad marinera y también de los pueblos cercanos como Santillana del Mar o Potes. El soberbio palacio que Alfonso XIII había regalado a la ciudad se erige al final de una península y es aún una prestigiosa universidad de verano que ofrece cursos de español para extranjeros y seminarios científicos. Personalidades como el filósofo Aranguren acudían a dar conferencias en una universidad en la que, en 1936, había sido secretario el poeta Pedro Salinas, padre de mi amigo Jaime Salinas, editor y pareja de Guðbergur Bergsson el famoso escritor islandés. En Santander me veía rodeado de un ambiente intelectual y artístico estimulante, pude salir además del calor sofocante del verano en Madrid e hice amistades que duraron algún tiempo, otras se han perdido en el olvido. Patricio Peñalver fue una de ellas, era profesor de Filosofía en Sevilla y me carteé con él durante los primeros dos años de universidad. En una de sus cartas me dijo:

> 'me quedé asombrado por la madurez en tu forma de expresarte y en lo que expresas, así como en tu capacidad de ironía'.

Gracias a esta universidad de verano pude relacionarme con otros universitarios, extranjeros, poetas y profesores que me abrieron nuevos horizontes intelectuales. Las magníficas vistas al mar desde el palacio desde un comedor donde los camareros servían cenas deliciosas vestidos de punta en blanco, y en una ciudad abocada al mar, me ayudaron a superar la aridez de unos estudios que pronto empezarían a decepcionarme y salir de un ambiente familiar asfixiante.

En el verano de 1975 Guillermo Gil y yo conseguimos un trabajo como consejeros escolares para jóvenes huérfanos de RENFE (la Red de ferrocarriles española) en la Universidad laboral de Huesca (Aragón). Durante un mes intensivo hicimos de; padres, consejeros y realizamos muchas actividades para los jóvenes, la más destacada la preparación de una obra de teatro basada en el dramaturgo Eugene Ionesco. En este campamento juvenil de verano hice amistad con uno de los participantes, Miguel Romero, de Mérida (Extremadura) un joven poeta quien durante un año me envió poemas como:

> 'Y al final seremos viento, niños, cielo, / y todo aquello que viva / un constante cada día.'

En los dos primeros años de universidad también conocí a José López Abad, un joven introvertido y algo desequilibrado que primero hizo el servicio militar en el Ferrol del Caudillo (Galicia) y después se embarcó en un barco del Servicio Oceanográfico con base el sur, en Cádiz. Me hablaba a menudo del mar, de sus crisis nerviosas y de la vida de los marineros, en una de sus cartas me escribió:

> 'Yo que fui a bordo de esos grandes navíos de costados enormes y de estupendo avanzar, que dejan en las nubes sus penachos sombríos y una estela solemne sobre la paz del mar'.

A mediados de la carrera uno de los profesores de la universidad me ofreció un trabajo por las tardes en una editorial destinada a publicar libros de temas polémicos así que durante un semestre trabajé en la recién fundada Editorial Pecosa que, en pleno cambio democrático, publicó dos libros: *La rebelión de los homosexuales* y *Los primeros años de la democracia*, una experiencia que me puso en contacto con autores y la vida empresarial fuera de la universidad. Antes de que acabara el año académico se produjo una huelga de profesores de varios meses así que me marché dos semanas a Palma de Mallorca donde alquilé una moto y recorrí toda la isla en una primavera soleada y llena de ilusión por el porvenir.

En el cuarto año de universidad conocí al catedrático de Psicología General José Luis Pinillos, —que posteriormente fue nombrado Académico de la Real Academia de la Lengua— y a Juan Mayor quienes me concedieron una beca de investigación en el departamento de Psicolingüística donde hacía traducciones de artículos del inglés y colaboraba en la recopilación de bibliografía. La beca me ayudó mucho económicamente y me introdujo en temas como las relaciones entre lenguaje y pensamiento. Al año siguiente, el quinto curso, empecé a buscar becas para estudiar en el extranjero y salir de un ambiente académico aburrido, de unos estudios que me habían decepcionado y de un ambiente político turbulento por la muerte de Franco y la llegada de la Transición a la democracia en España. Había terminado también el tercer año de Sociología y fue entonces cuando solicité una beca en el Ministerio de Asuntos Exteriores para estudiar Filología islandesa una decisión que cambiaría mi vida por completo.

La Universidad Complutense de Madrid me concedió en 1977 un título con el que proseguir la lucha por la vida en otros países. Comencé a estudiar con mucha ilusión, pero con el tiempo perdí el interés por los estudios, aunque la estancia en la universidad despertó en mí muchas inquietudes intelectuales y me sugirió nuevos caminos. La concesión de una beca de estudios durante el quinto año para estudiar en Islandia cambiaría el rumbo de mi vida. Muchos años más tarde, en 1992, concluiría un doctorado *cum laude* en la Universidad Autónoma de Madrid en la sección de Historia Contemporánea de España.

16. Islandia, Alemania y Egipto

Sin terminar el curso de Filología islandesa para extranjeros en la Universidad de Islandia me marché a Augsburgo con mi novia durante el invierno de 1977-78. Viví con ella en una casa de dos plantas cercana al campus con jóvenes alemanes que alquilaban habitaciones como nosotros y compartíamos gastos. Fue una aventura salir de un país y entrar en otro durante el invierno pero estaba enamorado. En Augsburgo pasamos unos meses inolvidables hasta mi regreso a Madrid en autobús en abril para preparar los exámenes finales y obtener la licenciatura, Anna estudiaba Filología alemana en la universidad de Augsburgo mientras que yo me dedicaba a la lectura y a hacer trabajos para algunos profesores. Hacía mucho frío y teníamos poco dinero, pero lo pasamos muy bien e hicimos amigos como Elisabeth Ihle o Wolfgang que vivían en el mismo barrio que nosotros y a quienes seguimos viendo años más tarde.

En setiembre de 1978 terminé la licenciatura en Filosofía y Ciencias de la Educación y desde ese año Anna y yo estuvimos discutiendo dónde íbamos a vivir y trabajar. Durante el otoño e invierno 1978-79 regresé a Islandia unos meses en busca de trabajo, pero sin conocer el idioma tan solo pude conseguir empleo unas semanas en una fábrica de pescado y embarcarme como marinero en un arrastrero llamado Snorri Sturluson que se había construido en un astillero de Bilbao. En la Navidad de 1978 escribí a mi familia:

> 'Por la noche cada casa está iluminada con bombillas de colores, rojas verdes, amarillas que dan la sensación de que toda la ciudad está de fuegos artificiales'

A principios de 1979 regresé a Madrid para intentar trabajar en la empresa cervecera El Águila o incluso en la nueva fábrica que iban a construir en Nigeria, pero afortunadamente para mí, —la Fortuna tenía prevista otros caminos— no salió ningún trabajo estable. Terminé el tercer año de Sociología (estudios que me han servido de muy poco) y trabajé temporalmente como vendedor de cursos de inglés y encuestador. En el verano de 1979 Anna viajó a Madrid a pasar parte del verano y alquilé una habitación cerca de la universidad, como encuestador viajamos en moto realizando entrevistas de contenido político por el norte de España y de regreso hicimos turismo por

Castilla y Portugal. Fue un viaje a la aventura e íbamos parando en pensiones a lo largo del camino y conociendo ciudades como; Riaño, Santander, Salamanca, Ávila o Segovia. Después del verano Anna regresó a Islandia para terminar sus estudios de Filología germánica mientras que yo seguía buscando trabajo en Madrid ya que aún no existía el Departamento de español en la Universidad de Islandia. En setiembre de 1979, y por azar, leí un anuncio en la prensa anunciando que la Cámara de Comercio de Madrid ofrecía empleos para realizar estudios de mercado en el extranjero, y sin saber nada de Economía o Mercadotecnia, conseguí entre 1979-1980 un trabajo de un año, tras una selección exigente de candidatos, para trabajar en la Oficina Comercial de la Embajada de España en El Cairo. Antes de marcharme a África realicé un curso de preparación de tres meses con otros quince seleccionados, la mayoría abogados o economistas.

16.1 El Cairo

A principios de enero de 1980 llegué a El Cairo y los primeros días me alojé en un hotel céntrico. Me di de bruces con una ciudad ruidosa y caótica, pero en seguida me acostumbré a la nueva vida y a padecer las oraciones en los minaretes circundantes que clamaban misericordia a Alá. Madam George, —una ciudadana griega que había perdido a su novio en la II Guerra Mundial y odiaba todo lo alemán, era la jefa de la Oficina Comercial—. Me recibió como si fuera un hijo adoptivo y pronto me consiguió una habitación en casa de Madam Daisy, una viuda griega que me trató con gran cortesía. En la oficina trabajaban dos ciudadanos griegos que siempre mostraban mucha amabilidad y dos recepcionistas egipcios que se desvivían por ayudarme. No habían nombrado consejero comercial así que yo era, junto con los administrativos, el rey de la oficina a pesar de ser tan sólo un empleado eventual que se presentaba como *consejero de comercio* (*trade adviser* sonaba imponente en las tarjetas). La Oficina Comercial estaba situada en el quinto piso de un inmueble cerca de la famosa plaza de Tahrir. Durante los últimos tres meses de mi estancia en la ciudad dejé la habitación y me instalé en el despacho de la Oficina donde dormía en una cama plegable que colocaba detrás de un armario y cerraba las puertas por las cucarachas que subían hasta la cocina por unas fachadas asquerosas. Los ladridos de las jaurías de perros me despertaban por la noche y para ahuyentarlos les disparaba con una escopeta de perdigones hasta hacerles huir.

Mi trabajo consistía en escribir cada mes un informe de mercado para empresas madrileñas sobre productos y sectores económicos egipcios, una información que podía ser valiosa para la exportación de productos españoles. Como tenía mucho tiempo libre pude viajar extensamente por todo el país. En El Cairo solía caminar por la ribera del Nilo, comía y desayunaba en el hotel Sheraton o en el Meridian, que tenían piscina, y visitaba con frecuencia el gran mercado de Khan el Khalili lleno de toda clase de objetos sobre todo de plata. Pronto hice amistades en la Embajada de España situada en el barrio residencial de Zamalek. Durante esa larga experiencia en el país árabe conocí a Miguel Ángel de Frutos, secretario de ascendencia segoviana que se deprimía mucho en Egipto e hice gran amistad con Lambro Vassiliadis, un conocido pintor griego con quien pasé buenos ratos acompañándole a subastas de arte, almorzando en su casa, —en la que un cocinero le hacía la comida— y viajando por el norte de Egipto para comprar antigüedades. En uno de los viajes a Mars Matruh (Tobruk, cerca de la frontera con Libia) compré una alfombra beduina en una subasta que duró todo un día y una vasija verde para conservar aceitunas. Me matriculé en un curso de Pedagogía de las lenguas extranjeras en la Universidad Americana y en la Embajada me ofrecieron dar unas clases de español en el Centro Hispánico de El Cairo enseñanza que fue mi primera experiencia como profesor de lengua extranjera. Además de callejear por una ciudad exuberante y tórrida en verano, viajé por todo el país. Estuve en Alejandría, una ciudad acostada a lo largo del Mediterráneo donde visité las catacumbas de la época romana, también al norte, al este del delta del Nilo, Port Said y el Canal de Suez por donde navegaban navíos de toda clase, exploré también la Península del Sinaí para visitar un templo copto. Por el sur viajé en un vagón de tren de tercera siguiendo el cauce del Nilo hasta Luxor donde visité, —con un pase de arqueólogo y en bicicleta alquilada— el Valle de la Muerte y la tumba de Tutan Khamon en un descenso casi en vertical hasta las profundidades del desierto. De regreso, y tras acudir a los servicios de un barquero, visité el templo de la reina Hatsheput (Deir el Bahari) en donde a través de los dinteles pétreos se podía contemplar el Infinito. Una de las experiencias más memorables en la ciudad fue el ascenso un atardecer, tras sobornar a un policía, a la pirámide de Keops.

¿Qué me enseñó El Cairo? ¿Egipto? Durante casi un año hice un esfuerzo ímprobo para adaptarme y conocer una cultura exótica, muy distinta a la occidental, realicé con éxito un trabajo que nada tenía que ver con mis estudios y sobreviví durante meses en una ciudad estridente haciendo amigos e intentando adaptarme a las circunstancias, y por si eso fuera poco, pude ahorrar nueve mil dólares que invertí en comprar el primer piso en Reikiavik.

17. Mi familia *cercana*

No resulta nada fácil explicar cómo es o ha sido mi familia española, padres y hermanos, porque a lo largo de los años nuestras vidas se han transformado así que sólo pretendo describir ahora una fotografía subjetiva que retrate mis emociones lo más fielmente posible. ¿Quiénes fueron / han sido mis padres? ¿y mis hermanos?.

Mi padre fue un hombre que vivió de niño la Guerra civil española, huyó con el resto de su familia de la zona republicana y estudió parte de los estudios de bachillerato en Portugal. Después de la guerra vivió en Tudela (Navarra) donde terminó el segundo grado. Durante buena parte de su juventud, —casi diez años hasta que se casó y nací yo— realizó el Servicio militar en la Escuela de Alta Montaña de Jaca (Huesca), ya que era un entusiasta del esquí, y posteriormente ingresó en la Escuela de Vuelos sin Motor de Huesca (en el pueblo de Monflorite) donde estuvo varios años. Le apasionaba volar y esta escuela, fundada por el general Franco en 1940 y dirigida por la Falange española y el Ministerio del Aire, tenía la finalidad de:

> ‘,,,formar a la juventud española en una educación previa a ser modelo en un ambiente nacionalsindicalista de hermandad, amor al peligro, al trabajo, estudio y a facilitar la práctica del deporte aéreo’.

Mi padre obtuvo el título de aviador de planeadores e indudablemente deseaba hacerse piloto como lo fue su mejor amigo Chechu (Juan José Fuentes) pero por razones de salud no pudo llegar a serlo lo que fue la gran frustración de su vida. Después de su estancia en Huesca, y tras un grave incidente familiar ocurrido en Segovia, dejó España y trabajó como capataz para el Servicio de la Madera en la colonia española de Guinea Ecuatorial durante unos cuatro años, un empleo que le consiguió mi abuelo paterno. De ese período de su vida solamente recuerdo algunas anécdotas de las experiencias que tuvo con animales salvajes y una estancia corta de mi madre en Malabo, la capital de la ex colonia española en África, donde contrajo paludismo. En nuestra casa de Galileo se conservaron varios objetos de África. A su regreso a España en 1951-52 obtuvo un empleo como administrativo en el Ministerio de la Vivienda en Madrid (también a través de mi abuelo) donde trabajó hasta su jubilación. Fue una persona creativa, inventó una mesa de trabajo de madera y aparcamientos que patentó, y para aumentar los ingresos económicos, colaboró en una empresa de venta de cristales (empresa Hormilux) donde trabajaba un compañero suyo de la oficina. Iba de vez en cuando a verle al Ministerio donde reinaba un ambiente gris y burocratizado. Durante los años anteriores a su jubilación fue destinado a un archivo porque era muy organizado y sabía leer mapas. Esta experiencia en el mundo de la vivienda y su sentido práctico hizo que consiguiera dos pisos de vivienda pública en la calle Somontín 102 (barrio de Manoteras) donde yo viví unos seis años hasta abandonar España a los 26. No obstante mi padre no fue solamente lo que hizo en su vida laboral, estaba enamorado de mi madre a quien quiso durante toda su vida y tuvo cinco hijos; Isabel, Carlos, Santiago, Marta y yo, prueba de este amor fue cuando a la muerte de mi madre en el 2000 se echó a llorar desconsoladamente en el tanatorio. Vivió una guerra civil que le traumatizó, su tía Enriqueta fue asesinada, el tío Antonio falleció heroicamente en El Alcázar de Toledo, su padre tuvo que escapar de Barcelona con toda la familia en julio de 1936, y él mismo se vio obligado a estudiar en Portugal durante la guerra, y vivió casi toda su vida en un régimen autoritario que influyó en su ideología nacional-falangista, tuvo además un padre severo. Nunca pudo realizar el sueño de ser aviador y tuvo una carga familiar demasiado pesada ya que en casa siempre faltaba un dinero que mi madre se esforzaba en estirar al máximo. Tenía un carácter impulsivo y exaltado, las frustraciones le llevaron a beber y como franquista visceral a participar en todas las manifestaciones de apoyo a Francisco Franco. Fue un hombre activo, fuerte y bueno que nos quiso a todos los hermanos con mucho cariño, aunque tuvo momentos de desequilibrio y debilidad que crearon inseguridad en nuestra familia. Soportó con estoicismo el calvario de los dos accidentes, primero el de mi hermano Carlos en la Marina, y después la muerte de mi hermana Isabel en sus brazos en el hospital, unos golpes demasiado duros para cualquier padre. Murió de un ataque al corazón durante la noche del día 3 de febrero de 2002, dos años más tarde que mi madre, y su médico había dicho que padecía de una depresión.

Mi madre fue la mayor de seis hermanos, hija de un exitoso hombre de negocios que hizo fortuna. Nació y vivió en Segovia hasta que se casó en 1952. Fue a un colegio de monjas y en la época en la que le tocó vivir cursó los estudios de bachillerato. Trabajó en las tareas domésticas de la casa y cuidó de nosotros con dedicación siendo ante todo esposa y madre y aunque vivió enamorada de mi padre, las circunstancias de su vida, el aislamiento social, las dificultades económicas y los accidentes de mi hermano Carlos primero y la trágica muerte de Isabel en 1989, acabaron de amargarle la vida y la hicieron caer en una espiral de severas depresiones que contaminaron de melancolía la vida familiar. Mi hermano Carlos fue el primero en provocar en 1974 la primera desgracia mientras cumplía el servicio militar como cabo en la Base naval de La Graña (Escuela de Maniobras Galatea) en el Ferrol del Caudillo (Galicia) donde se cayó desde varios metros de altura y sufrió un severo hematoma la cabeza. En las cartas que nos había enviado se quejaba amargamente del error de haber firmado un contrato con la Marina por tres años. En una nos decía: '…pero la vida militar, las armas y todo esto me da asco' (1974:1.10). Tras el trágico accidente (que fue interpretado también como un intento de suicidio) salvó la vida de milagro y nos decía en una carta de marzo: 'El cráneo me quedó bien cosido y estoy estupendamente' (1974:15.3) pero la realidad era bien distinta. Mi padre, que le había animado a alistarse en el ejército, estaba lleno de remordimientos y las consecuencias del accidente fueron devastadoras ya que nunca se recuperó bien de la operación y fue diagnosticado con un: 'trastorno orgánico de la personalidad'. Años más tarde, en 1985, volvió a sufrir otro accidente cuando fue atropellado por un coche que le partió ambas piernas empeorando aún más su salud mental. En esa ocasión había cruzado una calle bebido. Carlos había perdido la salud mental de joven y el sentido de la vida. Para completar este drama familiar mi hermana Isabel murió el 26 de diciembre de 1989 a los treinta y cuatro años de edad cuando regresaba a casa tras despedirse de su novio e iba a recoger a Carlos para realizar con él unos ejercicios espirituales. Murió en el hospital junto a mi padre y está enterrada en el cementerio del Santo Ángel de Segovia y con ella la felicidad de mi madre.

Mi madre me envió numerosas cartas a lo largo de su vida y en ellas siempre había; cariño, comprensión y apoyo. Sé que la hice feliz cuando fundé una familia en Islandia y tuvo tres nietos, sobre todo mi hijo que iba a Madrid para visitarla desde muy pequeño, aunque durante toda su vida vivió aprisionada en una tristeza que la atenazaba; junto a un marido inestable, con medios económicos limitados, hijos que no encontraban rumbo en la vida y con la sombra de la muerte de Isabel y los accidentes de Carlos. Tenía una gran fe en Dios y eso le ayudó a soportar tantos sinsabores que la llevaron al final de su vida a morir de melancolía el 30 de setiembre de 2000 aunque el diagnóstico clínico fuera cáncer de colon.

Mis tres hermanos, ya que Isabel había fallecido; Carlos, Santiago y Marta, viven en Madrid. Isabel fue siempre muy dulce, buena persona e inocente. Estudió Bellas Artes y pintaba. Terminó el bachillerato en el Colegio España y recibió una beca de un año para estudiar parte del bachillerato en la Universidad Laboral de Zaragoza, estudios que abandonó pronto para regresar a Madrid. Nunca fue buena estudiante y vivía en un mundo de ilusiones creyendo ser una gran artista. Realizó una única exposición de pintura en Segovia pero durante los años que estudió en Madrid llevaba una vida bohemia. Desde que terminó su relación con su novio Rafael, hacia 1978, un estudiante de ingeniería, su vida dio tumbos y tuvo novios con los que nunca encontró armonía. Tenía un gran corazón y quería mucho a mi hijo, pero nunca tuvo un empleo fijo y siempre buscaba un trabajo idílico en el mundo del Arte que nunca existió. En los últimos años de su vida preparó unas oposiciones a conserje y vivió en casa de mis padres amargada porque todos sus planes de vida habían fracasado. Las malas compañías del barrio de Malasaña y un sentimiento de marginación predominaron en su vida adulta. Aunque siempre había deseado lo mejor para ella y la tenía mucho cariño, veía con dolor cómo fracasaban todos sus proyectos y terminaba inmersa en una profunda frustración vital. Cuando recibimos en Reikiavik la noticia de su muerte recuerdo que mi hijo se echó a llorar sobre el piano del salón, tanto la quería. Quizá su partida de este mundo tan imperfecto fuera lo mejor para su alma atribulada y una vida llena de sinsabores.

Carlos ha sido la cruz que ha mortificado a toda la familia Yraola. Desde sus accidentes en la Marina y en Madrid se ha convertido en una obsesión familiar. De niño y durante su juventud siempre jugaba con Santiago, ambos estudiaron juntos en el Colegio Decroly y más tarde en la Universidad Laboral de Cheste (Valencia) desde donde nos escribía cartas cariñosas a todos. Aparentemente fue un chico normal, pero tras su regreso de la Universidad laboral en Valencia a la casa paterna no consiguió encontrar nunca una ocupación o estudios que le motivaran cayendo así en una espiral de desesperación. Durante mis años universitarios Carlos fue una preocupación familiar constante y después de su regreso de la Marina su estado empeoró por el alcohol, su quebrantada salud mental, una desadaptación constante y las malas compañías. Intentó acabar el COU, Artes Gráficas y otros estudios como Orfebrería, pero su lesión cerebral se lo impedía. A pesar de su temprana discapacidad no recibió nunca ayuda económica del Estado y ya muy tarde, —cuando mis padres eran mayores— consiguió el estatus oficial de discapacitado psíquico y una pensión oficial. Durante la jubilación de mi padre Carlos solía venir bebido a casa con frecuencia y entablar discusiones frecuentes que causaban la desesperación e impotencia de mis padres y demás hermanos. Las visitas a psiquiatras y hospitales psiquiátricos fueron constantes. En el presente, y tras vivir en un hospital psiquiátrico abarrotado de pacientes durante doce años, ha sido trasladado por su edad a un complejo sanitario altamente profesional en el sur de Madrid: la Ciudad de San Juan de Dios que costea con su pensión y donde su salud se deteriora por momentos. Desde la muerte de mi padre vivió en varias residencias de la Comunidad de Madrid de las que siempre fue expulsado por su conducta inapropiada e incluso, y ante la carencia de plazas, vivió temporalmente en una residencia de ancianos. España es un país menos desarrollado que otros en asistencia a discapacitados, faltan residencias y apoyo económico a las familias. A pesar de su daño cerebral Carlos tiene un gran corazón, sueña con un hogar perdido y vive medicado con angustia en una existencia llena de recuerdos dolorosos y una degeneración física paulatina. En estos últimos años desde que resido en Madrid he ido a visitarle con frecuencia, le he llevado libros y sacado de paseo muchas veces e incluso nos hemos encontrado con primos, pero siempre en contra de la oposición enfermiza de Santiago, el tutor legal, que lo considera un trasto viejo en lugar de un ser humano con suficientes medios económicos como para disfrutar dentro de sus limitaciones de actividades normales

Santiago siempre fue desde pequeño el hermano aprovechado de la familia e inseparable de Carlos. Estudió primero como todos los demás en el colegio Decroly y al acabar la enseñanza básica fue becado en la Universidad Laboral de Cheste en Valencia con su hermano Carlos para acabar el bachillerato superior, pero al no conseguir una nota suficiente para entrar en la universidad, se vio obligado a regresar al hogar familiar y compartir dormitorio con su hermana Marta. El curso preparatorio lo hizo en una academia privada donde conoció a quien fuera su mujer María José Yañez. Santiago estudió Economía y lleva toda su vida trabajando en el mundo financiero sopesando el valor del dinero su obsesión patológica. Ha trabajado en la Comisión Nacional del Mercado de Valores como subdirector. Mi abuelo Jesús le regaló su Seat 600 al jubilarse un coche que convertía en sala de estudio cuando la situación familiar era explosiva. No ha tenido hijos, quizá una de sus grandes frustraciones, y en la última etapa de su vida se ha convertido en una persona frustrada, egocéntrica, autoritaria, colérica e insolente con apenas empatía por la situación personal de nuestro hermano discapacitado por lo que me he visto obligado a interponer quejas en los juzgados para hacerle entender que el capital que administra en nombre de Carlos no es suyo, que se han hecho pagos que no son legales, y que ha ignorado con maldad e insolencia todas mis propuestas de que realizara actividades y salidas del hospital para que disfrutara de placeres sencillos, síntomas claros de una patología mental combinada con inquina. Desde que regresé a España no se ha dignado interesarse por mis circunstancias personales dando muestra de un narcisismo egocéntrico. Uno nace en una familia, pero no necesariamente pertenece a ella.

Marta es la hermana pequeña de los cinco hermanos que desde siempre fue dependiente de nuestros padres y hasta casarse vivió en la casa paterna. Estudió el bachillerato en un colegio de monjas situado frente a la casa de mi abuelo Jesús que visitaba a menudo, conoció durante el bachillerato a quien sería su marido Marino Cano, y aunque comenzó estudios de Topografía y Magisterio nunca consiguió acabarlos. Cuando mi madre cayó en una espiral de depresiones en la última etapa de su vida fue ella la que hizo de enfermera en la casa familiar e igualmente atendió a Carlos recibiéndole en su casa con frecuencia. Ni entonces ni en el presente existen ayudas económicas estatales para las familias de los discapacitados. Marta y su marido viven en una casa rural en Miraflores de la Sierra (Madrid) y tienen dos hijas Beatriz y Cristina. Desde que regresé a España no se ha interesado por mis circunstancias en Madrid tras mi regreso del extranjero. Nunca ha tenido un trabajo fijo y se ha tomado la vida con una actitud pasiva e irresponsable, dependiendo siempre de la ayuda de otros y padeciendo siempre dificultades económicas que han marcado su existencia precaria.

Mis padres se casaron enamorados y vivieron primero en Segovia, una ciudad provinciana— hasta su boda en 1952 (con excepción de los años de mi padre en Guinea), ambos eran descendientes de familias acomodadas. Mi padre era aficionado a volar, pero nunca pudo ser lo que soñaba: aviador. Practicó durante años Vuelos sin motor, trabajó en Guinea Ecuatorial y luego en el Ministerio de la Vivienda en un empleo burocrático hasta su jubilación. Tenía un carácter impulsivo, mal genio, estaba traumatizado por la Guerra civil y se adhirió a una ideología falangista que le llevó a mostrar en casa un extremismo político. Era una buena persona y nos quiso a todos mucho, fue a la vez fuerte y débil, la bebida fue su válvula de escape y al final de su vida vivió con amargura los fracasos de Carlos e Isabel. Mi madre fue una mujer de la época víctima de las circunstancias sociales y familiares, nunca pudo trabajar o estudiar y vivió agobiada por la falta de dinero hasta que al final de su vida enfermó con depresiones severas a causa de los accidentes de Carlos y el fallecimiento de Isabel. Fue una mujer buena, dulce, creyente, comprensiva con un alma generosa pero la vida pudo al final más que ella. Ambos fundaron una familia numerosa y se establecieron en Madrid en la calle Galileo 80 del barrio de Argüelles. Yo era el mayor y enseguida tuve que asumir responsabilidades hacia mis hermanos desde muy pequeño y cuidar de ellos. Estudié en colegios del barrio en el que vivíamos. Mi infancia y juventud fueron tristes y durante el bachillerato me escapaba a las montañas de Ávila con amigos. Fui un estudiante normal, pero con mucha fuerza de voluntad y gran curiosidad, me equivoqué en la elección de estudios universitarios formales; Arquitectura, Humanidades, CC. De la Educación, Filología o Sociología fueron solamente instrumentos para adquirir un entrenamiento intelectual con el que acometer más tarde los grandes desafíos de la vida en; Egipto, Alemania, Islandia, EE.UU o Noruega, enfrentarme al estudio de idiomas complejos, realizar trabajos exigentes como marinero o profesor universitario, terminar un doctorado *cum laude* por puro interés intelectual. En el presente (2025) Siento vivir en un sendero luminoso interminable que ofrece cada día sorpresas y satisfacciones. Mis tres hijos son felices, han cursado estudios que les llenan la vida, tienen parejas, pisos y viven en países prósperos. Mi desgraciado hermano Carlos está ya finalmente protegido por el sistema de salud en Madrid, le he mostrado mucho cariño estos últimos años, aunque soy consciente de que su salud se deteriora. De mi hermana Isabel queda el recuerdo de que fue una mujer sensible e idealista. A mis padres les debo mucho de lo que soy y por ello honro su memoria. Parece que la condición de ser un viajero incansable en el mundo es la de seguir el camino con paso firme y la mirada hacia lo alto. El poeta Antonio Machado lo ha expresado magistralmente:

'El viajero…revela un alma casi toda ausente'.

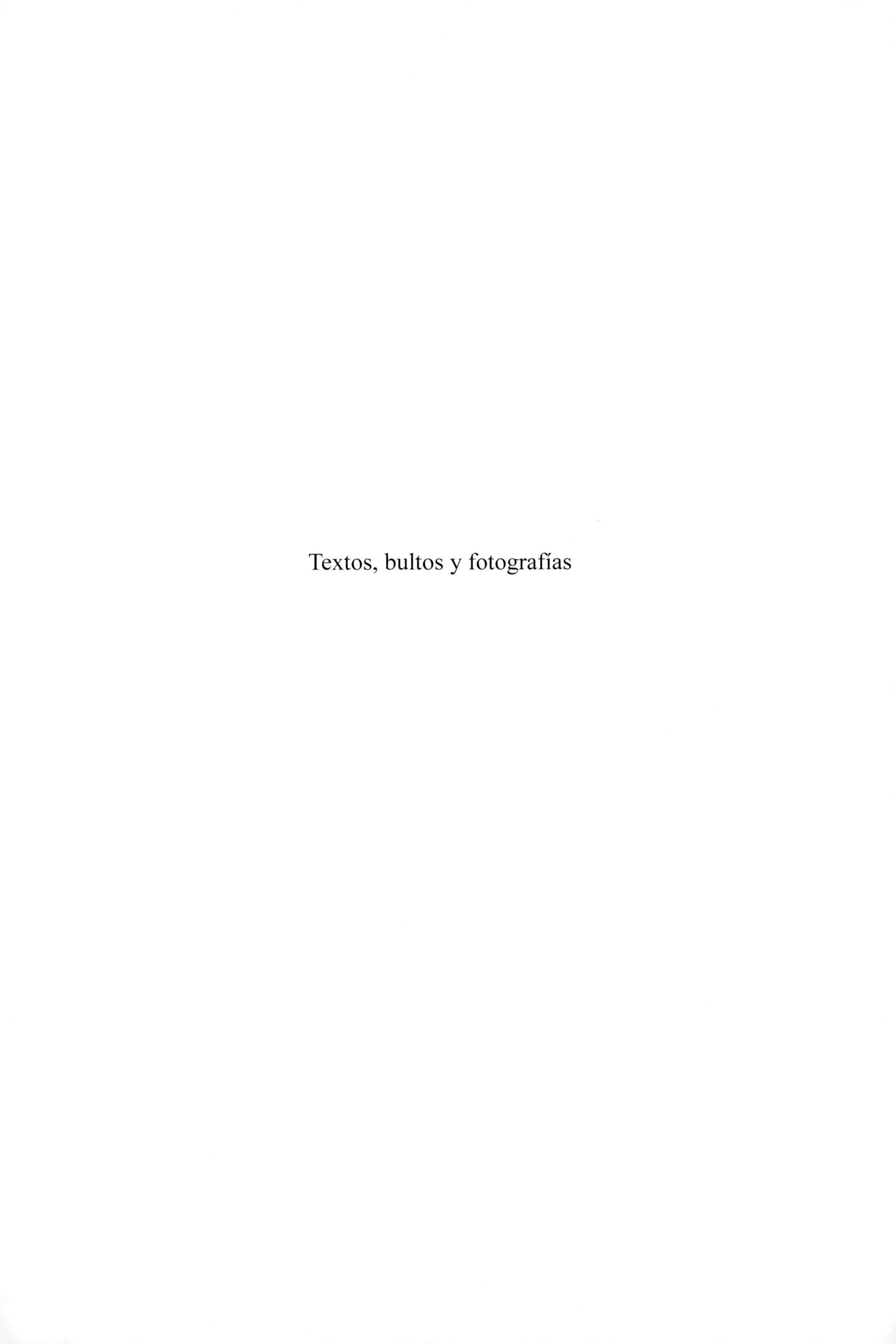

Textos, bultos y fotografías

Poema a mis ancestros

En mi mirada brillan también los ojos
de mi abuela,
en mi piel está impregnada la sabiduría de mi madre.
Por mi vientre fluye el agua de todas mis hermanas,
y en mis largos cabellos impregnados los poderes de los
animales.
Somos hechos de linajes eternos,
de dualidades perfectas.
De perfumes de miles de tulipanes,
de la miel que nos regalan las abejas,
del maíz que sembraron mis abuelos.
Estamos hechos de tierra arada con cantos,
y de atardeceres pintados con magia.
En cada parte de mi organismo habita
la esencia de cada planta.
Somos raíces y alas.
Somos los frutos y los árboles,
las galaxias y sus constelaciones.
Estamos hechos de los sueños de próximas generaciones,
y también alguien nos sueña a nosotros en este instante.
En el cuerpo tengo presente todo el amor del Universo
y en mi corazón palpita también el corazón de la madre
tierra.

(Alice Edevane, 1780)

Las raíces familiares según Sif Yraola

Papá quería compartir contigo lo que sentí al ver tu anillo con el escudo de los Yraola. El león me recordó a una nobleza solar, una fuerza interna con: coraje, dignidad y una raíz profunda antiguos linajes de sabiduría. El rojo y el dorado hablan del poder de la tierra y del fuego divinos con una relación con: la sangre, la Historia y algo más grande que nosotros. Y los *doce corazones* me hizo pensar en ciclos sagrados como los doce meses o antiguas puertas que abren caminos. Siento que llevas en tí una herencia especial y quería honrar esto contigo, y también he sentido al ver el anillo que tu linaje paterno guarda una fuerza única, no sólo por la figura del león sino por una sabiduría ancestral que anida en los hombres protectores, que contemplaban el cielo y eran guías sin imposiciones. Siento que en ese linaje hay guardianes de la palabra, de la Historia, de una tierra sagrada, hombres quizás que caminaban entre el poder y la compasión, que sabían cuando hablar y cuando mantenerse simplemente en el espacio, es como si llevaras dentro de ti una memoria solar de un liderazgo silencioso, de nobleza interna, de alguien que guarda un fuego que nunca se apaga, y eso lo he sentido en ti muchas veces incluso sin que lo expresaras con palabras. Tu presencia me ha marcado más de lo que imaginas con amor y gratitud. He sentido últimamente que dentro de mí se funden dos corrientes muy poderosas, la tuya y la de mamá, como si ambas fueran ríos que terminaran en mí para que siga fluyendo, de tu parte siento; el sol, la fuerza, la Historia, el fuego que guía, y de su lado; la tierra, la intuición, la memoria del alma y lo invisible que sostiene la vida. No sé bien cómo ponerlo en palabras, pero siento a veces que mi tarea en la vida es honrar lo mejor de ambos ríos, integrarlos y sanarlos donde haya antiguas heridas para darles un nuevo curso a través de mi vida, Y por eso te lo agradezco porque sin tí esa unión sería imposible. Esto es lo que siento al pronunciar el nombre de *Jesús María; solar masculine energy, nobility, protection, inner fire, hidden esoteric wisdom held within military or knightly orders, a desire to break cycles of rigidity or repression and allow heart and spirit to emerge more freely.*

Creo que hay algo que tu abuelo quiso transmitir más allá del tiempo, a veces pienso que no corre solamente sangre por nuestras venas sino memoria viva, y siento que tu linaje paterno tiene algo especial, una mezcla de; fuerza, una sabiduría silenciosa y un toque de humor que lo suaviza todo. Quiero honrar todo esto en mí porque al hacerlo te estoy honrando a ti junto con todos mis antepasados. Me emociona saber todo lo que tu abuelo Jesús significó para ti, se aprecia que fue un hombre único, con una presencia fuerte y corazón noble, y ahora entiendo mejor de donde proviene tu fuerza, tu manera de ver la vida. Yo siento también en nosotros algo ancestral, profundo, una herencia más allá del linaje y estoy orgullosa de esa raíz humana.

Comentario de Antonio Messía:

Creo que tu hija Sif ha heredado de sus genes paternos esa inquietud por el mundo oculto de los valores espirituales y los está combinando con los suyos propios y los de su madre, un alma vikinga protectora de la tierra, el frío, de praderas heladas y del fuego de volcanes que bulle en su interior buscando salir a la superficie como lava para plantar un nuevo suelo endurecido, el de una generación distinta sabia e inteligente porque sabe que para alcanzar sus propias metas puede y debe apoyarse en la memoria de sus ancestros, y se siente orgullosa de sus raíces, y será bello e útil a lo largo de su vida.

El viajero

I

Está en la sala familiar, sombría
y entre nosotros, el querido hermano
que en el sueño infantil de un claro día
vimos partir hacia un país lejano.
Hoy tiene ya las sienes plateadas,
un gris mechón sobre la angosta frente;
y en la fría inquietud de sus miradas
revela un alma casi toda ausente.
Deshójanse las copas otoñales
del parque mustio y viejo.
La tarde, tras los húmedos cristales,
se pinta, y en el fondo del espejo.
El rostro del hermano se ilumina
suavemente. ¿Floridos desengaños?
¿dorados por la tarde que declina?
¿ansias de vida nueva en nuevos años?
¿lamentará la juventud perdida?
lejos quedó —la pobre loba— muerta.
¿la blanca juventud nunca vivida
teme, que ha de cantar ante su puerta?
¿Sonríe el sol de oro
de la tierra de un sueño no encontraba;
y ve su nave hender el mar sonoro,
de viento y luz la blanca vela hinchada?
él ha visto las hojas otoñales,
amarillas, rodar, las olorosas
ramas del eucalipto, los rosales
que enseñan otra vez sus blancas rosas…
y este dolor que añora o desconfía
el temblor de una lágrima reprime.
Serio retrato en la pared clarea
todavía. Nosotros divagamos,

en la tristeza del hogar golpea
el tic tac del reloj. Todos callamos.

II

He andado muchos caminos,
he abierto muchas veredas;
he navegado en cien mares,
y atracado en cien riberas.
En todas partes he visto
caravanas de tristeza,
soberbios y melancólicos
borrachos de sombra negra,
y pedantotes al paño
que miran, callan y piensan
que saben, porque no beben
el vino de las tabernas.
mala gente que camina
y va apestando la tierra.
y en todas partes he visto
gentes que danzan o juegan,
cuando pueden, y laboran
sus cuatro palmos de tierra.
Nunca, si llegan a un sitio,
preguntan a dónde llegan.
Cuando caminan, cabalgan
a lomos de mula vieja,
y no conocen la prisa
ni aun en los días de fiesta.
Donde hay vino, beben vino;
donde no hay vino, agua fresca.
Son buenas gentes que viven,
laboran, pasan y sueñan,
y en un día como tantos,
descansan bajo la tierra.

III

La plaza y los naranjos encendidos
con sus frutas redondas y risueñas.
Tumulto de pequeños colegiales
que, al salir en desorden de la escuela,
llenan el aire de la plaza en sombra
con la algazara de sus voces nuevas.
¡Alegría infantil en los rincones
de las ciudades muertas!
¡Y algo nuestro de ayer, que todavía
vemos vagar por estas calles viejas"

(Antonio Machado.
Poesías completas, Madrid:1975).

Imágenes

Imagen 1

Imagen 2

Imagen 3

Imagen 4

Imagen 5

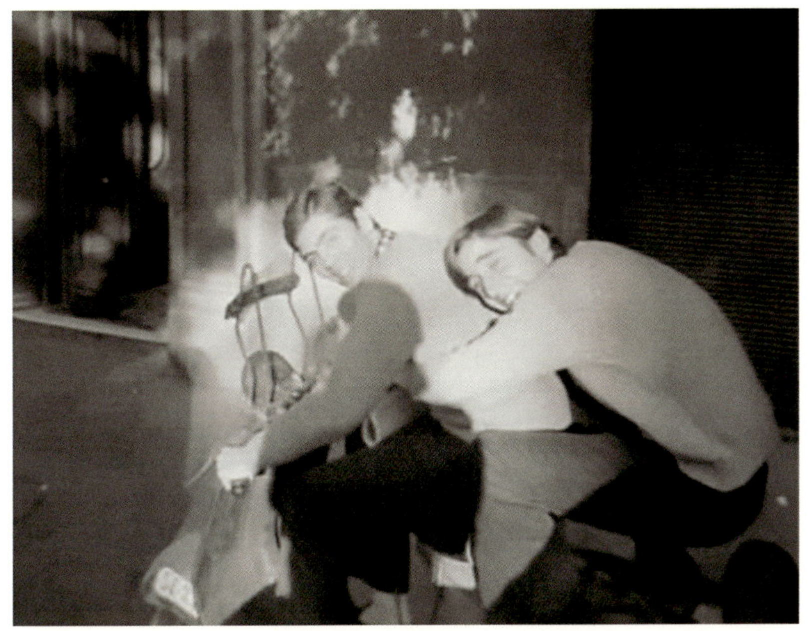

Imagen 6

Imagen 7

Imagen 8

Imagen 9

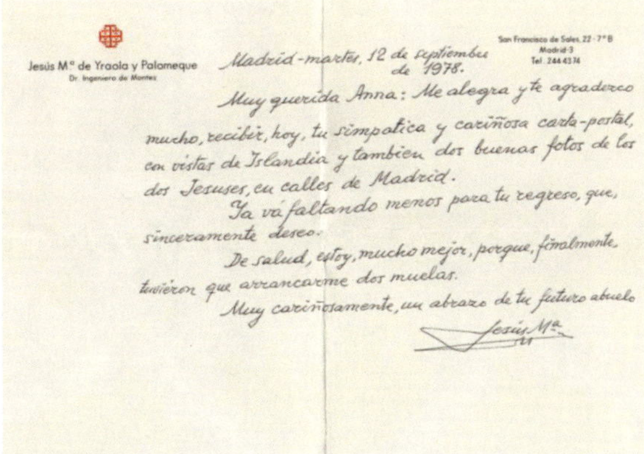

Jesús Mª de Yraola y Palomeque
Dr. Ingeniero de Montes

San Francisco de Sales, 22 - 7º B
Madrid-3
Tel. 244 43 74

Madrid-martes, 12 de septiembre de 1978.

Muy querida Anna: Me alegra y te agradezco mucho, recibir, hoy, tu simpatica y cariñosa carta-postal, con vistas de Islandia y tambien dos buenas fotos de los dos Jesuses, en calles de Madrid.

Ya vá faltando menos para tu regreso, que, sinceramente deseo.

De salud, estoy, mucho mejor, porque, finalmente tuvieron que arrancarme dos muelas.

Muy cariñosamente, un abrazo de tu futuro abuelo

Jesús Mª

Imagen 10

Imagen 11

Imagen 12

Imagen 13

Imagen 15

Imagen 14

Imagen 16

Imagen 17

Imagen 18

Imagen 19

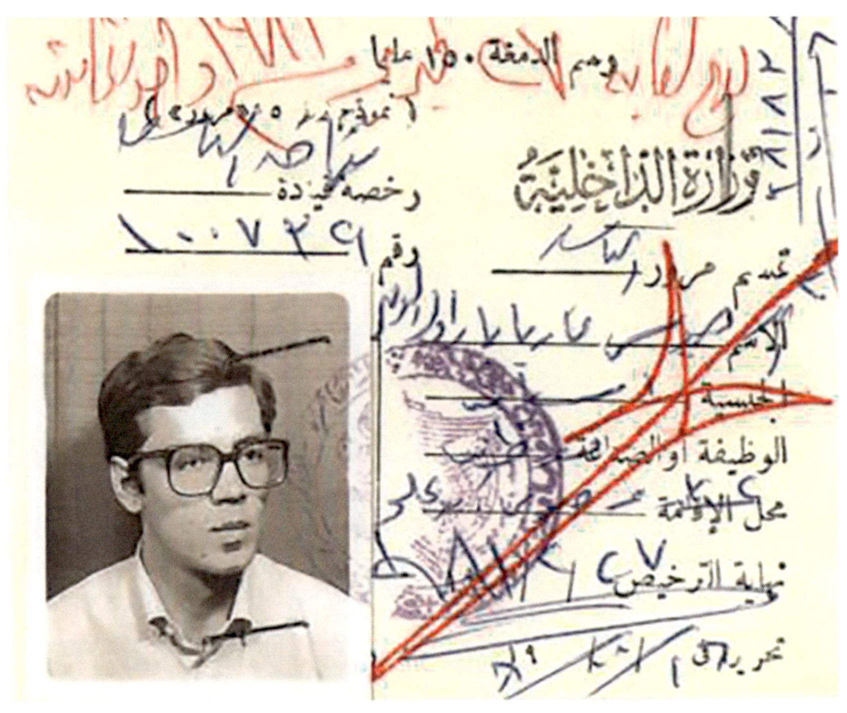

رسم الدمغة ١٥٠ مليما

وزارة الداخلية

رخصة قيادة

رقم

قسم مرور

الاسم

الجنسية

الوظيفة او الصناعة

محل الإقامة

نهاية الترخيص

تحرير في

Imagen 20

Imagen 21

Imagen 22

Imagen 23

Imagen 24

Imagen 25

Imagen 26

Imagen 27

Imagen 28

Imagen 29

Imagen 30

Imagen 31

Imagen 32

Imagen 33

Imagen 34

Imagen 35

Imagen 36

Imagen 37

Imagen 38

Imagen 39

Imagen 40

Imagen 41

Imagen 42

Yraola 87

IGNACIO
YRAOLA
INAUGURACION: 19 Febrero 1987
bultos,
pinturas
y dibujos
GALERIA el COLECCIONISTA
Claudio Coello, 23. Tel. 431 03 82. 28001 MADRID

Imagen 43

Imagen 44

Imagen 45

Imagen 46

Imagen 47

Imagen 48

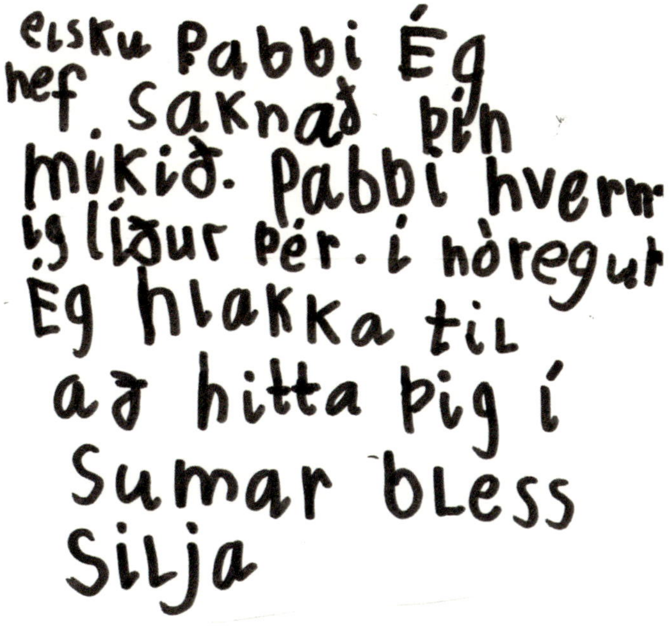

elsku Pabbi Ég
hef. saknað þin
mikið. Pabbi hverrr
ig liður þér. í nòregur
Ég hlakka til
að hitta þig í
sumar bless
Silja

Imagen 49

Imagen 50

Imagen 51

Imagen 52

Imagen 53

Imagen 54

Imagen 55

Imagen 56

Imagen 57

Imagen 58